अलगोज़े की धुन पर

दिव्या विजय

राजपाल

स्थापित 1912
100 वर्षों की
श्रेष्ठ प्रकाशन परम्परा

राजपाल

ISBN : 9789386534309

प्रथम संस्करण : 2017 © दिव्या विजय
ALGOZE KI DHUN PAR (Stories)
by Divya Vijay

राजपाल एण्ड सन्ज़

1590, मदरसा रोड, कश्मीरी गेट, दिल्ली-110006
फोन : 011-23869812, 23865483, फैक्स : 011-23867791
e-mail : sales@rajpalpublishing.com
www.rajpalpublishing.com
www.facebook.com/rajpalandsons

प्रीत,
रायना
और
रोशन
के लिए

क्रम

अलगोज़े की धुन पर

वह मेरे ऐन सामने आ खड़ी हुई। कुछ रोज़ पहले सुबह-सुबह उसका फ़ोन आया था कि चंद दिनों बाद वह मेरे शहर आ रही है। फ़ोन उठाते ही अधिकार के साथ उसने कहा कि वह मुझसे मिलना चाहती है और मैं जाने उसकी कौन-सी बात के वशीभूत हो झट हाँ कह बैठी थी। तत्पश्चात् खुद को खूब झिड़का कि क्यों हामी भर ली। कितनी बार सोचा मना कर दूँ। कुछ भी कह सकती हूँ कि यकायक बाहर जाना पड़ गया है अथवा मेहमान आ गये हैं या सीधे ही कह दूँगी नहीं मिलना चाहती। आखिर बलात् तो वह मुझसे नहीं मिल सकती। परन्तु कदाचित मैं स्वयं भी उसे देखना चाहती थी। जिस दिन से सुना वह आ रही है मुझे अशान्ति ने घेर लिया था। नहीं जानती थी यह व्याकुलता उसे देखने की है अथवा चाहकर भी उससे उदासीन न रह पाने की।

नियत तिथि से एक दिन पहले फिर उसका फ़ोन आया था। उसने हँसते हुए कहा कि वह घर पर नहीं, बाहर मिलना चाहती है। सम्भव हो तो किसी उद्यान में, और मैं पुनः हाँ कह बैठी थी। मुझे स्वयं पर क्रोध आया कि क्या कारण है कि मैं उसकी हर बात स्वीकार कर रही हूँ? क्यों उसके सामने मेरी चेतनाएँ शून्य हो जाती हैं? क्यों मैं उससे कोई प्रश्न नहीं कर पाती? परन्तु अब झुँझलाहट का क्या अर्थ! निर्णय लिया जा चुका था। दूसरे दिन वह आने वाली थी।

अगले दिन मैं उद्यान के प्रवेश-द्वार के निकट उसकी प्रतीक्षा कर रही थी। यही निश्चित किया गया था कि दोपहर एक बजे हम उद्यान की एंट्री पर मिलेंगे परन्तु वह अब तक नहीं पहुँची थी। एक बजकर बीस मिनट होने को आये थे। मैं मन-ही-मन कुढ़ रही थी। कैसी लापरवाह है, देरी हो गयी तो

कोई जवाबदेही तो बनती है। क्या उसे फ़ोन करूँ? फ़ोनबुक में नम्बर ढूँढ़ ही रही थी कि वह ऐन सामने आ खड़ी हुई।

मैं उसे कुछ क्षण अपलक देखती रही। क्या इसी के लिए मेरे प्रेमी ने मुझे छोड़ा है। क्या अच्छा लगा होगा इसमें? हाँ, इसकी आँखें खूबसूरत हैं। बहुत बड़ी नहीं पर आकर्षक जिन्हें काजल की रेखा ने और भी सुरूप बना दिया है। इसके लम्बे बालों को वह अवश्य पसन्द करता होगा। और इसके होंठ...कितना सुन्दर आकार है। इन होंठों से जब यह उसे छूती होगी तो क्या इसे मालूम हुआ होगा कि वह पहले मेरे होंठ छू चुका है। मेरे होंठों का स्वाद उसके अधरों में अब भी शेष होगा! छि! मैं भी क्या सोचती हूँ।

'नमस्ते मैं स्वप्ना हूँ। और आप अन्वेषा...है न?'

मैं फिर सोच में पड़ गयी। यह मुझे आप कह कर क्यों पुकार रही है? सम्भवत: मेरी बड़ी उम्र का बोध मुझे करवाना चाहती है। आखिरकार पुरुष भी तो बहुधा छोटी स्त्रियों को ही वरीयता देते हैं। परन्तु बड़ी हूँ तो क्या हुआ...कहाँ कम लगती हूँ। आज भी मुझसे छोटी उम्रवाले लड़के मुझ पर आसक्त रहते हैं। कितना-सा अन्तर होगा। कोई चार-पाँच साल का।

'आप इतनी मौन क्यों हैं? आपकी नाराज़गी जायज़ है। मैं समझ सकती हूँ,' स्वप्ना मेरी चुप्पी से असमंजस में थी।

स्वर भी मधुर है। क्या प्रेम का इज़हार करते हुए इस आवाज़ में मादकता भर जाती होगी? क्या वह उन्माद से तर उसी स्वर का दीवाना हुआ होगा। अपनी सोच को विराम दे मैं बोली—

'नहीं नाराज़ क्यों हो जाऊँगी भला! नहीं तो मिलने ही क्यों आती?'

स्वप्ना मुस्कुरा दी। एक ठहरी हुई, सरलता से भरी, अबोध मुस्कान।

इस मुस्कान में मेरे लिए व्यंग्य था या दयाभाव? परन्तु नहीं...उसकी मुस्कराहट निरपराध थी। फिर यह मुझसे मिलने क्योंकर आ पहुँची? जानते हुए कि कबीर उसके पूर्व मेरे साथ...इसके पीछे दोनों की कोई अभिसंधि तो नहीं!

'आप बेहद खूबसूरत हैं,' स्वप्ना ने प्यार से कहा था।

मैंने तीक्ष्ण नज़रों से उसे देखा। चाहती क्या है यह लड़की! इतनी प्रशंसा क्यों कर रही है। कदाचित कहना चाह रही है कि सुन्दर तो हूँ परन्तु उससे कमतर हूँ। तभी तो कबीर मुझे छोड़ उसके पास चला गया। इतने समय से

संचित की हुई पीड़ा सघन स्वरूप में आ खड़ी हुई थी।

'चलें ?' स्वप्ना की आवाज़ मुझे विचारों से बाहर खींच लायी। हाँ में गर्दन हिला मैं आगे बढ़ आयी। उद्यान की नर्म घास पर चहलकदमी करते हुए औचक स्वप्ना ने मेरा हाथ थाम लिया।

'आपने बेहद सुन्दर चूड़ियाँ पहन रखी हैं।'

मैं अपना हाथ उसके हाथों से वापस ले लेना चाहती थी कि मुझे प्रतीत हुआ मेरे प्रिय ने भी स्वप्ना का हाथ पकड़ा होगा। मुझे आभास हुआ जैसे स्वप्ना के माध्यम से मैं कबीर के स्पर्श को आत्मसात् कर रही हूँ। मेरा हाथ शिथिल पड़ गया जिसे स्वप्ना देर तक थामे रही। उसके हाथ नर्म-मुलायम थे। मैंने गर्दन घुमाकर स्वप्ना को देखा। मुझसे छोटी...उम्र में भी, कद में भी। शरीर ज़रा भरा हुआ पर चाल में आत्मविश्वास और चेहरे पर गज़ब का लावण्य। अगर मैं पुरुष होती तो उससे ज़रूर प्रेम कर बैठती। परन्तु अगर मैं पुरुष होती तो क्या मैं स्वयं से प्रेम नहीं कर बैठती। ओह ! काश, अभी कहीं से दर्पण आ जाता। मैं हम दोनों के प्रतिबिम्ब देखती। देखती कि एक पुरुष को क्या पसन्द आता।

'अन्वेषा...मैं आपको नाम लेकर बुला सकती हूँ न ?' मुझे अपनी ओर देखते पा कर स्वप्ना ने पूछा था।

मैंने हमेशा की तरह हाँ में सिर हिला दिया था। 'इतनी बड़ी नहीं मैं तुमसे कि तुम नाम न ले सको। यूँ भी आजकल नाम लेने का चलन है, तुम नाम ही लो।'

वह खुलकर हँस दी। कैसी बेझिझक हँसी थी। शायद छोटी उम्र में ऐसी ही हँसी फूटती है। मैं क्यों बार-बार उम्र का हिसाब लगा रही हूँ। उम्र से तो नहीं पर लगता है मैं मन से बुढ़ा गयी हूँ। कुल जमा अट्ठाईस की तो हूँ मैं। दरअसल बात उम्र की नहीं...अपने प्रेमी का दुलार पाती कोई भी लड़की ऐसी ही हँसी हँसेगी। मैं एकाएक स्वयं के प्रति करुणा से भर गयी। मन का आवेश आँखों के रास्ते बह जाने को आतुर हो उठा। तभी स्वप्ना के हाथ का कसाव मेरे हाथ पर बढ़ गया। क्या वह मेरी मनःस्थिति समझ गयी थी ? जो भी हो मुझे इस लड़की के आगे दुर्बल नहीं पड़ना। अपनी पीड़ा को पीछे धकेल मैं फिर मुस्कुरा दी।

'आइये यहाँ बैठते हैं,' बेंच को छोड़ स्वप्ना पेड़ की ओर संकेत कर रही थी जहाँ लाल-सफ़ेद फूल छितरे पड़े थे। हम दोनों वहाँ बैठ गये। फूलों से मिटटी की महक फूट रही थी और मिट्टी फूलों के रंग से सराबोर थी। दोनों ने एक-दूसरे को गहरे तक जज़्ब कर लिया था। मेरा मन फिर उखड़ने लगा। मैंने स्वप्ना की ओर देखा। वह भी यकायक मौन हो चली थी। क्या वह भी मेरी भाँति अपने प्रारब्ध को लेकर अनिश्चित होगी?

'मैं आपके लिए कुछ लायी हूँ' मेरी तन्द्रा को तोड़ते हुए उसने अपने बड़े-से पर्स में से चमकीली लाल पन्नी में लिपटा हुआ एक पैकेट निकाला।

'आपकी पसन्द मालूम नहीं थी तो अपनी ही पसन्द का कुछ ले आई हूँ।'

अरे यह लड़की भी! मुझे तो कुछ याद ही नहीं रहा। सच कहूँ तो सोचा भी नहीं कि ऐसे रिश्ते में उपहार भी दिया जा सकता है। कितनी व्यावहारिक सोच है! मैं उससे प्रभावित हो रही थी।

'क्या सोच रही हैं? खोलिए न,' स्वप्ना ने प्यार से कहा था।

उफ़्फ़! कितनी बेसब्र है। खैर उत्सुकता तो मुझे भी हुई थी कि मेरे लिए क्या ले आयी होगी पर ऊपर से मात्र इतना भर कहकर रह गयी, 'इसकी आवश्यकता नहीं थी।'

'ज़रूरत तो हमारे मिलने की भी नहीं थी,' छोटी और बेसब्र लड़की में से प्रौढ़ा झाँकी थी।

तरतीब से लाल पन्नी हटा मैंने एक ओर रखी और मेरे हाथ में था मार्केज़ का उपन्यास *लव इन द टाइम ऑफ़ कोलेरा*। किताब!! क्या कबीर ने बताया होगा कि मुझे किताबें पसन्द हैं।

मेरे चेहरे की हैरानी शायद उसने पढ़ ली थी। 'आपके खत पढ़े थे मैंने। वहीं से पता चला आपको किताबें पसन्द हैं,' कहते हुए उसके चेहरे पर चोरी करते पकड़े गये बच्चे-से भाव आ गये।

कबीर ने अब भी मेरे खत सँभालकर रखे हैं, सुनकर मुझे अच्छा लगा। परन्तु स्वप्ना और वह इतने निकट हैं कि कबीर को उससे मेरे खत छिपाने की आवश्यकता भी महसूस नहीं हुई। सोचकर एक उदासी ने ढाँप लिया मुझे। खत हृदय में होने वाले स्पंदनों का लेखा-जोखा होते हैं। वे खत उन दिनों के एहसासों का रोज़नामचा थे। क्या सब कुछ पढ़ लिया होगा इसने?

उसे मेरे चेहरे पर कुछ दिखाई दिया होगा। वह मेरा हाथ थाम कहने लगी। 'एक दिन एक फ़ाइल में वे खत मुझसे टकरा गये थे। वे खत मात्र शब्दभर नहीं थे। वे पूरा व्यक्तित्व थे और उस व्यक्तित्व की स्वामिनी से मिलने को मेरे अन्दर की स्त्री ललक उठी।'

उस आवाज़ में ईर्ष्या का पुट था, विजयी भाव या सिर्फ़ कौतूहल, कहना कठिन था। क्या वह कबीर को बताकर आयी होगी या चोरी से मुझसे मिलने आ पहुँची है? मैं पूछना चाहते हुए भी नहीं पूछ पायी।

'आप ज़रूर पढ़िएगा इसे।'

'हाँ ज़रूर,' मैं किताब उलट-पलट रही थी। एकतरफ़ा प्रेम के मुकम्मल होने की कहानी थी। पर मेरा और कबीर का प्रेम तो दोनों ओर से था फिर भी पूर्ण न हो सका। दूसरे शहर में जा बसने पर आवश्यकताएँ भी बदल जाती होंगी।

फिर से एक मौन पसर गया था हमारे बीच। कुछ खास कहने को नहीं था या इतना कुछ था कि उसे शब्दों में समेटना मुश्किल था। सर्दियों की ऐसी दोपहर अरसे बाद आयी थी। इस तरह पेड़ के नीचे धूप सेंकते हुए कॉलेज के वक्त मैं कबीर के साथ बैठा करती थी। फिर वह मुम्बई चला गया और मेरी ज़िन्दगी से भी। उन बातों को अब कितने साल बीत गये हैं। किसी और जन्म की बात लगने लगी है। अगर कबीर मुम्बई नहीं जाता तो?

सफ़ेद दुपट्टे को स्कार्फ़ की तरह सिर पर लपेटे शून्य में ताकती वह नक्काशीदार बुत लग रही थी। अचानक मन हुआ उसे छूकर देखूँ। उसके बालों की महक साँसों में भर देखूँ...कबीर उन्हें ज़रूर सहलाता होगा। उसकी पीठ उघाड़ देखूँ कि कबीर के दाँतों के निशान वहाँ हैं? कबीर ने उसे कहाँ-कहाँ छुआ होगा? उसने एकाएक पलटकर मुझे देखा। क्या उसे मन की बातें सुनने का हुनर था?

उसने अपना बैग खिसकाकर जगह बनाई और मेरी गोद में सिर रख लेट गयी। कितनी बेलौस है यह लड़की। मेरे हाथ खुद-ब-खुद उसके माथे को सहलाने लगे। अब मैं गौर से उसका जायज़ा ले सकती थी। पर नहीं, वह स्वप्ना नहीं मैं थी। उस एक पल मैं कबीर हो उठी और वह मेरी गोद में लेटी मैं। मेरे मन ने चाहा बरसों की उदास मुझको ढेर-सा प्यार करूँ। उसकी

आँखें मुँद गयी थीं। मैंने झुककर उसकी आँखें चूम लीं। उसके होंठों पर एक मुस्कान खिल आयी 'आप बिलकुल कबीर की तरह...।'

हाँ कबीर की तरह। वह कहता था, आँखों में तितलियाँ रहती हैं। उन्हें बहुत नाज़ुकी से छूना चाहिए कि कहीं वे उड़ न जायें...मैंने सोचा, क्या कबीर इसे भी ऐसा कहता होगा।

नज़र गले में झूलते उसके पेंडेंट पर पड़ी। सफ़ेद रंग का एक छोटा-सा ड्रॉप। यह ज़रूर कबीर ने दिया होगा। उसे बारिश बहुत पसन्द थी। उसे बूँदों का आकार भी बहुत पसन्द था। मैंने उस पेंडेंट को छुआ। मेरा हाथ उसकी गर्दन को स्पर्श कर गया। उसकी त्वचा नाज़ुक थी...बहुत झीनी और पारदर्शी। नसें वहाँ से झाँक रही थीं। मैंने अँगुली से उन्हें छू भर दिया तो जैसे तेज़ हवा चलने से पानी काँप गया हो।

उसका दुपट्टा कब का सिर से नीचे सरक आया था। बाल बेहद काले और चमकीले, फ्रेंच टेल में गुँथे हुए। कितना खयाल है इसे कबीर की पसन्द का! वह नहीं है फिर भी उसे ओढ़ मुझसे मिलने आयी है। मैं बालों को ऐसे बाँधना कभी नहीं सीख पायी।

धूप सिर से उतरते हुए दूर जा रही थी। हवा सर्द हो चली थी। पक्षियों का झुण्ड हमारे सिर के ऊपर से चहचहाता हुआ गुज़र गया। उसने चौंककर आँखें खोलीं फिर मुझे देख एक इत्मीनान उसके चेहरे पर पसर गया। मुझे नज़र भर देख मुस्कुरायी। फिर उठकर अपने दुपट्टे को सिर पर कसकर लपेट लिया। मैंने अपनी शॉल का एक छोर उसे पकड़ा दिया जिसे उसने बेझिझक थाम लिया। अब वह मेरे बेहद करीब थी।

उसने अपने पर्स में से सिगरेट का पैकेट निकाला। एक सिगरेट लाइटर से जला अपने होंठों के बीच दबा ली। आह! वही खुशबू...कबीर की खुशबू। उसने मेरी तरफ़ देखा और मुझे सिगरेट थमा दी। मैं उसे अँगुलियों के बीच थामे देर तक देखती रही और वह उससे गिरती राख पर लकीरें खींचती रही। गहरी साँस भर मैंने एक कश लिया और सिगरेट उसे वापस पकड़ा दी जैसे कबीर को अपने अन्दर उतारकर उसे दे दिया हो। उसने सिगरेट बुझाकर वापस पैकेट में रख ली।

'तुम्हें मेरी चूड़ियाँ पसन्द आयी थीं न? इन्हें तुम पहन लो,' कहते हुए

मैंने अपनी चूड़ियाँ उतारीं और उसकी कलाई में पहना दीं। क्या उसकी आँखें भर आयी थीं या मेरी ही नज़र धुँधला गयी थी। बागौर उनको देखने के बाद अचानक वह उन्हें खनकाती हुई बच्चों-सी खुश हो गयी। मुझे उस पर लाड़ उमड़ आया। क्या खींच लाया इसे मेरे पास? कौन-सा बोझ ढो रही होगी यह भी!

अँधेरा घिरने लगा था। दरख़्तों के साये लम्बे हो चले थे। वह अब भी मुझसे सटकर बैठी थी। शॉल का किनारा अँगुलियों में लपेटते हुए वह गम्भीर हो चली थी। उसने अब तक अपने आने का सबब नहीं बतलाया था। मैंने उसका चेहरा अपनी ओर घुमाया। मुझे लगा वह मुस्कुराएगी पर उसके होंठ थोड़े-से सिकुड़ गये। उसका भरा हुआ स्वर अँधेरे के उस पार से झर रहा था।

'प्रेम एक अज्ञात द्वीप है जिसकी खोज में हम भटक सकते हैं। एक अनजाना एकांत जिसे जीवनभर की तलाश के बाद भी हम पा जायें यह आवश्यक नहीं। कबीर की बातों में आप नामालूम तरीके से उपस्थित होती हैं मगर कबीर का रहस्य अब मेरे सामने ज़ाहिर है। अब मैं भी आपको जानती हूँ। उसके गुम हो जाने पर उसे ढूँढ़कर ला सकती हूँ,' उसने कहा। कहते हुए उसकी बरौनियों पर शरारत और मुहब्बत नाच उठी थीं। पर इस बार मुझे ईर्ष्या नहीं हुई। मैं उसे अपलक देखती रही। मैं ऐसी ही दिखती अगर कबीर के साथ होती। उसके गालों के गड्ढे ठठाकर खिल उठे थे।

'घर चलो, कितनी देर हो गयी...भूख नहीं लगी तुम्हें?' उसे अपने हाथ से बना कुछ खिलाने की तीव्र इच्छा हो आयी थी। कबीर कितनी फ़रमाइश करता था। उन दिनों रसोई अक्सर उसकी पसन्द से महकती थी। सुबह जल्दी उठकर उसके लिए टिफ़िन पैक करती और वह कॉलेज की कैंटीन में मेरी तारीफ़ करता हुआ पूरा टिफ़िन खाली कर जाता। अब... ? अब क्या करता होगा?

'अंग्रेज़ी में एक कहावत है कि दुश्मनों के घर खाना नहीं खाया जाता,' उसकी आँखों की पुतलियाँ शरारत से जगमगा उठी थीं।

'क्या हम दुश्मन हैं?' मैं हैरत से बोली।

'हाँ, तुम रक़ीब हो मगर मुझे बेहद प्यारी हो,' उसने पर्स उठाया और आगे बढ़ चली। मैं कब आप से तुम हो गयी थी! हमारे बीच की अदृश्य दीवार का लोप हो गया था। सब कुछ अकस्मात घट रहा था। उस पूरे दृश्य

को संचालित करने वाली वही थी। वह जिस तरह अचानक आयी, वैसे ही जा रही थी। मैं उसे पुकारकर रोक लेना चाहती थी पर मैं जड़ रह गयी थी। फिर वह पीछे पलटी...कदम मेरी ओर बढ़ाये...हिचकिचाई और अपने होंठ मेरे होंठों पर रख दिए। मेरे होंठ काँपे थे पर उसके होंठों ने उन्हें समेट लिया था। ओह! ये कैसा एहसास था। हाँ, कबीर की मिठास थी इनमें।

कुछ पल बाद वह अलग हुई। 'तुम्हारा स्वाद अब मुझमें घुल गया है, तुम्हें अपने अन्दर समेटे ले जा रही हूँ। कबीर के मन का एकांत अब शायद उतना अकेला न रहे 'वह मुस्कुराई और बाहर की तरफ़ बढ़ चली। मैं उसे जाते हुए देखती रही। मैं किससे मिली थी, कबीर से, स्वप्ना से, या खुद से? आज का दिन मुझे कुछ देकर गया या वो मायाविनी मुझे ठगकर चली गयी थी?

उसने बाहर पहुँचकर हाथ हिलाया था। एक पूरा दिन बीत गया था। बेहद अजीब दिन। बरसों का जमा कुछ पिघलकर बह जाना चाहता था। मेरे अन्दर का सन्नाटा सघन हो आया। हम जहाँ बैठे थे वहाँ पड़े फूल मुरझा गये थे। मैंने कुछ क्लांत फूल चुने और घर की ओर लौट चली।

प्रेम पथ ऐसो कठिन

मेरी ज़िन्दगी में फ़िलवक्त कुछेक पुरुष हैं जो मेरे प्रेमी होने का दावा करते हैं। अगर गिनती करें तो संख्या चार कही जा सकती है। दावा करने वाले इससे अधिक भी हो सकते हैं मगर मैं सिर्फ़ चार को करीब से जानती हूँ या कह सकते हैं कि यही चार हैं जिनके प्रेम में मैं भी हूँ। एक साथ चार लोगों से प्रेम, बात थोड़ी अजीब है मगर सच है।

कोई इनमें से किसी एक को चुनने को कहे तो शायद मैं सोच में पड़ जाऊँगी। किस एक के साथ मैं ज़िन्दगी बसर करना चाहूँगी, यह कई बार सोचने के बाद भी मैं तय नहीं कर पाती। कोई एक भी मेरे जीवन में नहीं होगा यह सोचते ही मैं डर से भर जाती हूँ। हर एक का मेरे जीवन में अपना स्थान है। वे उस धागे स्वरूप हैं जिसमें मनके पिरोये हुए होते हैं। धागे का कोई भी सिरा टूटते ही उसके मोती जिस प्रकार बिखर जाते हैं वैसे ही किसी एक के मेरे जीवन से निष्कासित होते ही मेरी साँसें टूट जायेंगी।

लेकिन अफ़सोस की बात है कि वे लोग यह नहीं जानते। उनमें से हर एक यही सोचता है कि वो मेरे लिए सबसे ज़रूरी है। कोई और भी मेरे लिए ज़रूरी हो सकता है, वे लोग कभी नहीं मान पायेंगे। उनमें से हर एक मुझे बेहद प्यार करता है और मेरे साथ अपनी पूरी ज़िन्दगी बिता देना चाहता है। वे सब मुझसे पूछते हैं, 'तुम कब जीवन भर के लिए मेरी हो जाओगी?' फिर मेरी चुप्पी पर प्यार से मुझे सहलाकर अधिकार मिश्रित घोषणा करते हैं, 'मैं अपनी ज़िन्दगी सिर्फ़ तुम्हारे साथ बिताना चाहता हूँ। तुम अभी नहीं चाहतीं तो न सही...भले ही तुम बुढ़ापे में आओ लेकिन तुम्हें आना होगा। मैं प्रतीक्षा करूँगा।'

अंतरंग क्षणों में और अंतरंग क्षणों से बाहर भी मैं उनके लिए दुनिया की सबसे खूबसूरत लड़की हूँ। उन्होंने मुझे कभी धोखा नहीं दिया। उनके मन बेहद सुन्दर हैं। जीवन को लेकर उनके मन में कोई कुंठा नहीं है और सिर्फ़ एक लड़की के साथ उम्र बिता देने को वे सहज समझते हैं। जब वे मेरे साथ होते हैं तो आँखों में आँखें डाल बातें करते हैं...मैंने देखा है किसी और लड़की की तरफ़ उनकी निगाह नहीं फिसलती। उनका स्पर्श इन्टेन्स होता है। जब वे मेरे साथ नहीं होते तो भी किसी-न-किसी रूप में मेरे सम्पर्क में बने रहना चाहते हैं। कभी खतों के ज़रिये जिन्हें कभी वे पोस्ट करते हैं कभी मिलने पर मुझे देते हैं। उनके खत उनके मन की बेचैनी का आईना होते हैं। वे जल्द-से-जल्द अपने सभी ज़रूरी काम निपटा लेना चाहते हैं ताकि मेरे साथ हो सकें।

मगर ज़िन्दगी अजीब है और उससे भी ज़्यादा अजीब शायद मैं। ज़ाहिर तौर पर उनमें ऐसी कोई कमी नहीं है जिसके कारण कोई लड़की उनसे असंतुष्ट हो जाये। असंतुष्टि मुझे भी नहीं है। शायद इसीलिए एक को भी नहीं छोड़ पायी। मैं अक्सर यह तय करते हुए सो जाती हूँ कि रात गये किसके ख्वाब बुनूँ...सोने से पहले आखिरी खयाल किसका हो? और फिर या तो सारी शक्लें गड्ड-मड्ड हो रहती हैं या ख्वाबों की स्लेट बगैर लिखी रह जाती है।

मैंने ऐसा योजना बनाकर नहीं किया न ही ऐसा शुरू से सोचा था। शुरू से माने जब से मैंने मुहब्बत करना शुरू किया। यकीनन मुहब्बत करने की कोई उम्र तय नहीं है पर मुझे यह पहली बार तब हुई जब मैं कॉलेज में थी।

उससे मिलकर यूँ लगा था जैसे रूह का वह जुड़वाँ हिस्सा मिल गया हो जिसे तमाम उम्र हम ढूँढते हैं और उसके मिलने पर मान लिया जाता है कि आपकी ज़िन्दगी मुकम्मल हुई। वो हिस्सा किस्मत से मुझे उम्र के पहले ही पड़ाव पर मिल गया। उसका मिलना ऐसा था जैसे छुपम-छुपाई खेलते हुए कोई चुपके-से पीठ पर धौल दे मारे या किसी राह गुज़रते को हम देखें और उसके हो रहें। ऐसा होना असम्भव-सा प्रतीत होता है.. है न? पर यह ऐसे ही हुआ था। हो सकता है ठीक इस तरह न हुआ हो...सब धीरे-धीरे हुआ हो। अब सोचने पर कुछ अलग मालूम होता हो। चीज़ों के हमारे पाले में आ खिसकने के बाद सब अच्छा और आसान लगने लगता है।

मैंने उसे कुर्सी पर बैठे हुए देखा था। मेरी सबसे प्यारी दोस्त रिया की

जन्मदिन-पार्टी में। वो हमारे बैच में पहली थी जिसका विवाह हो चुका था। लेफ़्टिनेंट कमांडर इन्द्रनील से। हम सब सहेलियाँ न सिर्फ़ इन्द्रनील की यूनिफ़ॉर्म से बल्कि उन के खूबसूरत घर से भी अभिभूत थीं। वहाँ जाने का कोई बहाना हम लोग नहीं छोड़ती थीं। उस रोज़ इन्द्रनील अपनी 'शोर-ड्यूटी' से लौटने वाला था। रिया के सबसे खास दिन को और इन्द्रनील के लौटने को 'सेलिब्रेट' करने के लिए हमने पार्टी आयोजित की थी। पार्टी की ज़िम्मेदारी मैंने उठाई थी। दिनभर में घर का कायापलट हो चुका था। शाम तक हमारा पूरा गैंग वहाँ था और हम सब हुड़दंग शुरू कर चुके थे। नाचने की शौक़ीन हम सब उसी में तल्लीन थीं। बिखरे बालों से 'पिंक फ़्लॉयड' के गाने की धुन पर डाँस पर वेव-मोशन करते हुए अचानक मुझे लगा कि कोई है जो सिर्फ़ मुझे देख रहा है। मैंने पलभर रुककर हॉल में नज़रें दौड़ाईं तो वह मुझे नज़र आया पर वह मुझे नहीं देख रहा था। वह अपने नज़दीक बैठे ऑफ़िसर के साथ बातों में तल्लीन था। लेकिन वह यही था यह मेरे सिक्स्थ सेंस ने बता दिया था। मैं लगभग दौड़ती हुई गयी थी और हाथ बढ़ाकर उससे पूछा 'डांस'?

उसने बेहिचक मेरा हाथ थाम लिया जैसे उसे इसी का इन्तज़ार था। हाथ थामे हम डांस फ़्लोर तक आये। मद्धम रौशनी में मेरे बालों को सूँघते हुए उसने कहा, 'आपने मुझे पहचान लिया था?'

मैंने कहा, 'हाँ देखते ही। कैसे न पहचानती।'

सवाल जितना औघड़ था, जवाब उससे अधिक बेढंगा था। लेकिन इनके बीच उपस्थित सघनता हमारे चारों ओर एक गिरह बुन रही थी जिसमें फँसने को हम आतुर थे। मेरा जवाब सुनकर उसने गहरी नज़रों से मुझे देखा और मैं साँस लेने में कठिनाई महसूस करने लगी। गीत के बोल उसके लफ़्ज़ों से बदल गये लेकिन उसके स्वर संग ताल मिलाने में मुझे कठिनाई नहीं हुई। हम दोनों देर तक नाचते रहे और नृत्य खत्म करने वालों में हमारा जोड़ा आखिरी था। अन्त में मेरी आँखें मुँद गयीं और उसने हल्का-सा झुककर मेरे निचले होंठ को छू-भर लिया और सारा हॉल तालियों से गूँज उठा। हमारी मण्डली में यह कोई अनहोनी नहीं थी। न ऐसा पहली बार हुआ था लेकिन न जाने क्या था कि मैं वहीं स्थिर खड़ी रह गयी। फिर वही कोहनी से पकड़ मुझे खाने की मेज़ तक ले आया था।

शुरुआती दिन खूब मज़े में बीते...दिन-भर शांतनु के साथ घूमना-फिरना और नयी जगहों के साथ एक-दूसरे को भी एक्सप्लोर करना। हम एक-दूसरे को अच्छे लगे। हमारे बीच काफ़ी समानताएँ थीं। उनमें से एक रोचक समानता थी कि हम दोनों को जोखिम भरे काम करना पसन्द था। उन जोखिमों में रहस्यों का समावेश हो तो कहना ही क्या! जैसे हमारे शहर की पुरानी जीर्ण-शीर्ण इमारतों से जुड़ी किंवदंतियों की सच्चाई हल करना। उन इमारतों के रहस्यों को खोजना और उनकी पड़ताल करना...एक मज़ेदार काम हो गया था हम दोनों के लिए। नये ज़माने के होते हुए भी हम दोनों दुनिया को चलाने वाली आधिकारिक सत्ता में विश्वास रखते थे और शांतनु के अल्ट्रा मॉडर्न और लगभग हिप्पी दोस्तों के सामने अलग-अलग ढंग से उसे सिद्ध करने की पुरज़ोर कोशिश करते। हम दोनों ने तय किया कि मेरी परीक्षाओं के बाद छुट्टियों में मैं उसके साथ जहाज़ पर जाऊँगी जहाँ हम नये प्रयोग करेंगे। हम दोनों सबकी नज़रों में निहायत अजीब थे इसलिए एक-दूसरे के लिए बिलकुल परफ़ेक्ट थे।

उन दिनों नेवी में उसकी ट्रेनिंग चल रही थी। छुट्टियों में घर आया था। छुट्टियाँ खत्म हुईं तो वह लौट गया और सिलसिला शुरू हुआ लम्बे ट्रंक-कॉल्स का। खतों का फ़ैशन तब भी बाकी था। चूँकि ट्रंक-कॉल्स कई बार मुमकिन नहीं होते थे इसलिए इस फ़ैशन को हमने बरकरार रखा। लम्बे-लम्बे खत लिखते और उन्हें स्पीड पोस्ट करते। हम एक-दूसरे को बहुत याद करते थे। साथ बिताया हुआ वक्त हम में से किसी को नहीं भूला था। उन सारी बातों को शांतनु ने खत में खूबसूरती से मांड दिया था कि भविष्य में कोई बात स्मृतियों में धूमिल न हो जाये। वे खत अब भी उसके पास हैं। मेरे वाले खत भी मैंने उसे दे दिए। इतने प्रेमियों के साथ खत और ऐसी दूसरी चीज़ें सँभाल पाना ज़रा मुश्किल होता है। हमेशा एक डर लगा रहता है कि किसी को पता न लग जाये। नहीं...नहीं...मैंने उसे यह नहीं कहा। मैंने उसे कहा, 'ये कितने क़ीमती हैं और मैं कितनी लापरवाह। इन्हें तुम सँभालकर रख लो। अगर कभी हम एक हुए तो इन्हें हमारे बच्चे पढ़ेंगे।' उसे 'अगर' शब्द पर सख्त एतराज़ हुआ था और मुझे डाँटते हुए उसने मुझ पर चुम्बनों की बारिश कर दी। अल्हड़ उम्र का वह प्रेम अब पूरी तरह पक चुका है। अब हम दोनों

परिपक्व हो चुके हैं और महसूस करते हैं कि हम सचमुच एक-दूसरे के लिए हैं। रूह के हिस्से वाली बात अब भी उतनी ही जायज़ है जितनी तब थी। उससे ज़्यादा भावात्मक सहयोगी मेरे जीवन में कोई नहीं है। मेरी हल्की-सी जुम्बिश उसे मेरे मिज़ाज का पता दे देती है।

दो साल ऐसे ही गुज़र गये। मेरा कॉलेज पूरा हो गया और मैं आगे की पढ़ाई के लिए दिल्ली आ गयी। शांतनु ने जहाज़ पर आने की पेशकश की मगर मैंने यह पेशकश बाद तक के लिए मुल्तवी कर दी। मैं जहाज़ पर कुछ महीनों बाद तब जाना चाहती थी जब उसका जहाज़ ऑस्ट्रेलिया के डार्विन पोर्ट की ओर अग्रसर होता।

छोटे शहर से दिल्ली आना ऐसा था जैसे किसी ने मुझे समंदर में उतार दिया हो। मेरे जैसी बेलौस लड़की भी एक बार को घबरा गयी। सच कहूँ तो वहाँ की भाषा में मैंने खुद को 'डाउन मार्किट' महसूस किया। कपड़े तो मैं ठीक-ठाक पहनती थी मगर एक्सेंट वाली इंग्लिश मुझसे ज़रा दूर थी। यूँ मैं इंग्लिश मीडियम में पढ़ी थी पर वहाँ अंग्रेज़ी पिक्चरों और रैप सिंगर्स के नाम नहीं बताये गये थे। हॉस्टल की लड़कियाँ धड़ल्ले से अंग्रेज़ी गीत गातीं और विदेशी नायकों की तस्वीरें अपने कमरे में चिपकाकर रखतीं, जिनके नाम भी मुझे मालूम नहीं थे। मैं एकबारगी घबरा गयी पर मेरी रूममेट हर मर्ज़ की दवा थी। मेरी रूममेट नीलाक्षी दिल्ली की ही थी पर उसने हॉस्टल में रहना चुना था। वो 'अप-मार्किट' होने के साथ-साथ खूब हँसोड़ भी थी। गप्प मारने में उसका कोई सानी नहीं था। यूनिवर्सिटी से लौटकर समाचारों का इतना बड़ा जखीरा उसके पास होता कि सारी लड़कियाँ हमारे ही कमरे में आ डटतीं और यह महफ़िल देर रात तक चलती। मुझे भी खूब आनन्द आता...हॉस्टल में रहने का पहला अनुभव जो था। इन्हीं देर रात तक चलने वाली महफ़िलों और नीलाक्षी की बदौलत मैंने बड़े शहर के रंग-ढंग जल्द सीख लिये। मुझे भी अंग्रेज़ी फ़िल्मों का चस्का लग गया। अक्सर वार्डन से छिपाकर लड़कियाँ वीसीआर ले आतीं और देर रात तक हम जागकर फ़िल्म देखते। मगर जब इम्तिहान पास आने लगे और यह सिलसिला कहीं रुकता नहीं दिखा तो मैंने लाइब्रेरी की शरण ली।

लाइब्रेरी रात में दूसरी दुनिया-सी लगी। दिन वाली सरगोशियाँ भी रात में गायब थीं। चश्मों से झाँकती उनींदी आँखें ज़रा-सी हलचल को यूँ तरेर कर देखतीं कि हलचल सहमकर रह जाती। ये वाले लोग अप-मार्किट थे कि डाउन-मार्किट देखने भर से पता नहीं चला क्योंकि अप-मार्किट लोग पढ़ाई भी करते हैं ऐसा मुझे लगता नहीं था मगर उनमें से कई तो स्टाइल में विदेशी मॉडल को भी मात दे रहे थे। उन्हीं में से एक था श्रीकांत। नाम तो बाद में मालूम हुआ पर पहले दिन भरी हुई लाइब्रेरी में उसी ने एक्सेंट वाली अंग्रेज़ी में कहा था, 'इफ़ यू आर लुकिंग फ़ॉर अ चेयर यू कैन सिट हियर।' मैं भी थैंक्यू बोल उसके बगल में जा बैठी थी।

मुझे उसी पल लगा कि मुझे उससे दूर रहना चाहिए लेकिन मैं श्रीकांत से दूर नहीं रही थी। वह हर रात तेज़ खुशबू लगाकर आता था ठीक वैसी जैसी विज्ञापनों में मर्द लगाते हैं। मैं कभी उन मर्दों से मिली तो नहीं थी पर उन मर्दों को देख जो हालत स्त्रियों की होती है लगभग वही मेरी हो गयी थी। मैं कुत्ते-सी घ्राण शक्ति लिये सूँघते हुए हर रात लाइब्रेरी आने लगी। आह, उसकी महक मुझे खींचती और उसके करीब ले जाकर खड़ा कर देती। मैं तब तक खड़ी रहती जब तक वह मुझे बैठने की पेशकश न कर देता। हर रोज़ मुझे देख उसकी आँखों में पहचान उभरने लगी पर फिर भी वह मुझसे दूर रहता। हम साथ बैठते पर दूरी बनी रही। मैं बड़े शहरों के रंग-ढंग से पूरी तरह वाकिफ़ नहीं थी इसलिए पसोपेश में चुप रही।

फिर एक रोज़ कई महीनों बाद...मैं लाइब्रेरी नहीं गयी। तबियत नासाज़ थी इसलिए जाना चाहते हुए भी जा नहीं पायी। तभी मीटिंग कॉल आयी। मैं असमंजस से भरी धीरे-धीरे बाहर आयी। रात के ग्यारह बजे वह मेरे सामने खड़ा था। मेरा मन हुआ दौड़कर उससे लिपट जाऊँ पर वह बहुत संकोची था और उसके संकोच ने मेरे भी पाँव जकड़ लिये थे। मैं अपने स्थान पर खड़ी रही, वह अपनी जगह। एक ज़िन्दगी शायद यूँ ही बीत जाती अगर नीलाक्षी अचानक हँसती हुई आ न खड़ी होती।

उसके बाद हम लम्बे अरसे तक लाइब्रेरी में कैद हो गये। ख़ाली समय मिलते ही लाइब्रेरी हमारी पनाहगाह हो जाती। हम बातें कम करते...महसूस ज़्यादा करते थे। वह मुझे आँखों से यूँ छूता था कि वापस आकर मुझे आईने

में देखना पड़ता कहीं निशान तो नहीं उभर आये।

वो एक रेतघड़ी ले आया था। वो मुझसे मिलते ही उसे कहीं आस-पास टिका देता। कई घंटे बीत जाते, वो हर घंटे उसे उलटता। उसे लगता था कि अपनी आँखों से वक्त को बहते देखना मात्र इसी तरह सम्भव है। और इस बहते वक्त को मेरे साथ बिताना उसे सबसे बड़ा सदुपयोग लगता था।

प्रेम इतना शान्त भी हो सकता है यह मुझे श्रीकांत से सीखने को मिला। साथ रहना...सिर्फ़ साथ रहना भी प्रेम हो सकता है। कभी हम बातें करते, कभी घंटों चुप बैठे रहते। वह अक्सर मेरे बालों की चोटी बाँधता...उनमें फूल लगाता। कभी हम पढ़ते...करीब बैठकर। वह सब्र से मेरे सवाल सुनता और उनके जवाब देता। उसके साथ सब आसान था। प्रेम में पड़ना, प्रेम करना, प्रेम को विराम देना, और प्रेम का बाँध तोड़ देना।

शांतनु को खत मैं अब भी लिखती थी। वह मुझसे मिलने भी आता। वह अब भी उतना ही खिलन्दड़ था। और उसके साथ मैं उतनी ही पगला जाती थी जितनी पहले रोज़। श्रीकांत मुझ पर कविता लिखने लगा था। मैं यह सोचने के लिए नहीं रुकी कि मैं क्या कर रही हूँ या आगे क्या होगा। मैं प्रेम में थी..लबालब।

उन्हीं दिनों मेरी माँ गुज़र गयी। माँ मुझे अच्छी लगती थी पर वह मेरी दोस्त नहीं थी। माँ-बेटी के बीच वाली घनिष्ठता हमारे बीच अनुपस्थित थी। इस दूरी को लाँघने की न कभी उसने कोशिश की न मैंने। पर फिर भी उसके जाने से मेरे जीवन में एक शून्य बन गया। इसका एहसास मुझसे ज़्यादा मुझे मेरे आस-पास वालों ने करवाया। सब मुझे सहानुभूति देते। बेवजह का प्यार जताते। शांतनु के खत और कॉल्स लम्बे हो गये। श्रीकांत की रेतघड़ी के चक्र बढ़ते गये। मेरी टीचर्स मेरी माँ बनने की कोशिश में लग गयीं और मेरे दोस्तों में होड़ लग गयी कि कौन सबसे ज़्यादा अपनी माँ मुझसे बाँट सकता है।

मैं सबकी कोशिशों का सम्मान करती थी पर फिर भी मैं उकता रही थी। मैं कहीं दूर भाग जाना चाहती थी...अकेले। मैं एक ट्रैवल कम्पनी में गयी जो अकेले घूमने की इच्छा रखने वाले लोगों का समूह बनाकर उन्हें ट्रिप पर भेजा करती थी। घर पर बताने का मतलब था इनकार सुनना। सो मैंने घर पर नहीं बताया। घर पर कहा कॉलेज की ट्रिप है। हॉस्टल में कहा घर जा रही

हूँ। मेरे प्रेमियों को भी मैंने सच नहीं बताया अन्यथा वे कभी मुझे अकेले नहीं जाने देते। कहीं-न-कहीं मुझे यह डर भी था कि वे सब मुझे स्वार्थी ठहरा देंगे। मुझे माँ की मौत का अफ़सोस नहीं...ऐसा निष्कर्ष निकालेंगे। मैं डरती थी। हाँ, अभी दुनिया से डर कायम था। पर उस वक्त मैं सारे डर किसी अंधी गली में पटक अपनी ट्रिप के लिए तैयार थी।

सारा इन्तज़ाम कर मैं अपना बैकपैक ले निकल पड़ी। जगह से मुझे कुछ खास लेना-देना नहीं था। मैं अपनी पैटर्न्ड ज़िन्दगी से निकलना चाहती थी। पर चूँकि ज़ाहिराना तौर पर घूमने का मतलब हिन्दुस्तान में पहाड़ होते हैं लिहाज़ा बस सर्पीली सड़कों पर बल खा रही थी। घुमावदार रास्तों पर मेरा जी मिचलाने लगा तो मैंने बगलवाले लड़के के कन्धे पर सिर टिका लिया। हालाँकि ऐसा मैंने गैर-इरादतन तौर पर किया था। वह लड़का अच्छा था। वह सारे रास्ते मेरा सिर हल्के-हल्के सहलाता रहा। जिन आत्मीयताओं से भागकर मैं यहाँ आ पहुँची थी, मन अब उन्हें ही खोज रहा था। उस अनजान लड़के का स्पर्श मुझ पर ममता बरसाता रहा और मैं कई दफ़ा बे-आवाज़ रोई। अन्त में कब नींद ने आ दबोचा मालूम नहीं पड़ा पर आँख खुलने पर मैं खुद को स्वस्थ महसूस कर रही थी।

पूरी यात्रा में हम साथ रहे। वह मेरा बैग उठाए घूमता और मैं उसका कैमरा। अर्नब रॉय बंगाल के किसी सुदूर गाँव का रहने वाला...शिक्षक माता-पिता की संतान। दिनभर किताबों की बातें करता। कितना पढ़ा था उस लड़के ने...उसे स्वयं भी याद नहीं। किताबों से बेहतर कोई उसका दोस्त नहीं रहा...उसी ने बातों-बातों में बताया था। यहाँ फ़ोटोग्राफ़ी का शौक पूरा करने आया था। लौट कर एक जर्नल लिखने वाला था। उसके चेहरे पर शरत् के नायकों-सा मंद हास सदा विद्यमान रहता। आँखों में बेबस भाव रहते हुए भी अग्नि का ताप मुखर रहता। ऐसा विरोधाभास सम्भवत: मैंने पहले कभी नहीं देखा था। उसके होंठ गुलाबी थे। क्या हम जीवन में फिर कभी मिलेंगे ? एक पूरी रात इस बात का मंथन कर, अगली सुबह देवदार के वृक्ष के नीचे मैंने उसे चूम लिया। वह एकबारगी हतप्रभ रह गया। फिर जैसे होश में आया और मुझे बेतहाशा चूमने लगा। बाद में उसने बताया था कि वह उसके जीवन का पहला चुम्बन था। मुझे उससे प्रेम नहीं हुआ था। वह चुम्बन मेरे लिए मात्र

घटना थी। वह महज़ घटना इसलिए भी थी कि मुझे कोई ग्लानि नहीं थी न मेरी आँखों के आगे शांतनु या श्रीकांत के चेहरे आये थे। मुझे लौट आना था और भूल जाना था। पर मेरी कशमकश यहीं से आरम्भ हुई जब मैंने तय पाया कि किसी का चेहरा मैंने उसे चूमते हुए नहीं देखा। मेरे मन ने एक सादा-सा सवाल किया कि किसका चेहरा सामने आना चाहिए था। शांतनु का या श्रीकांत का? बहुत देर विचार करने के पश्चात् मैंने थककर सिर अर्नब के कन्धे पर टिका दिया। उसने मुझे बाँहों के घेरे में भरते हुए कहा, 'आई थिंक आई ऐम इन लव।' मैंने झटके से आँखें खोलीं और उसकी गलतफ़हमी दूर करने को ही थी कि उसने अपने होंठ मेरे होंठों पर रख दिए। मेरे होंठ कुछ कहने को फड़फड़ा कर रह गये। मैं कहना चाहती थी कि एक चुम्बन का अर्थ प्रेम नहीं होता। मुझे तुम अच्छे लगे थे मगर किसी को पसंद करने का अर्थ प्रेम तो नहीं होता। तुम मुझसे जीवनभर का सम्बन्ध मत जोड़ो। मुझे तुममें उस तरह की दिलचस्पी नहीं है। हम दोस्त रहेंगे...अगर तुम चाहो तो। पर मैं कुछ नहीं कह पायी। उसकी सरल आँखों में विश्वास था। उसके बच्चे-से निश्छल मन को ठेस पहुँचाना मुझे कठिन लगा। मैं उस दिन डर जाती तो शायद उसे खुद से दूर कर देती पर मैं उसकी सरलता से बँध गयी। मैं जो दुनिया से भय खाती थी...उस रोज़ मुझे डर नहीं लगा कि आगे क्या होगा, कि मेरे दो और प्रेमी हैं जो मुझे बहुत चाहते हैं। मैं उसके आगे बढ़े हाथ पर हाथ रखे बैठी रही। पसीने से भीगीं उसकी हथेलियाँ मेरी रूखी हथेलियों को नम करती रहीं। वापस लौटकर हुआ यह कि वह नौकरी ढूँढने दिल्ली आ बसा। इस तरह वह मेरे और पास आ गया। जल्द ही उसे नौकरी मिल गयी। उसे न सिर्फ़ नौकरी मिली बल्कि जल्दी-जल्दी तरक्क़ी के मौके भी मिले। वह काम के प्रति गम्भीर था और प्रेम के प्रति भी। वह तरक्की कर रहा था और इसका पूरा श्रेय मुझे देता था। मैं भी किसी की प्रेरणा होकर फूल कर कुप्पा थी।

यात्रा से लौटकर मैं किसी नवीन चेतना से सराबोर थी। मैं बहुत-बहुत खुशमिज़ाज हो गयी थी। फिर से चुलबुली हो गयी थी...बहुत हद तक मुँहफट भी। एक गरूर मेरे भीतर, मेरे अनचाहे ही भर गया था। मेरे तीन प्रेमी थे, या मैं तीन लोगों की प्रेमिका, इसका अर्थ क्या होता है, यह सब न सोचते हुए मैं खुशी से छलकी-छलकी घूमती थी। मैंने अपने दिन बाँट लिये थे। मेरे प्रेमी

इतने अच्छे थे कि न उन्हें किसी प्रकार का संदेह हुआ न उन्होंने कोई प्रश्न किए। हाँ वे दु:खी अवश्य थे कि मैं उनके साथ ज़्यादा वक्त नहीं बिता पाती परन्तु खुश थे कि कम-ओ-बेश कम वक्त के लिए ही सही हम साथ होते हैं।

मन की भाँति देह की अपनी स्मृतियाँ होती हैं यह मैं तभी जानने लगी। किसी एक के स्पर्श से अन्य दो की स्मृतियाँ देह में जाग उठतीं। अपने अनिश्चय से मैं अजब चक्रव्यूह में फँसने लगी थी। मैं खुद को धिक्कारती कि यह मैं क्या कर रही हूँ। मन तुरन्त गवाही देने को खड़ा हो जाता कि कितने लड़के -लड़कियाँ हैं जो एक से ज़्यादा लोगों से...।

पर उनमें और मुझमें एक भिन्नता थी जो मैं उस वक्त रेखांकित नहीं कर पायी थी। दूसरे लोग फ़्लर्ट या टाइम-पास कर रहे थे। दोनों ही पक्षों को इसमें गुरेज़ नहीं था। उनके लिए यह मौज-मस्ती वक्तगुज़ारी का अच्छा साधन थी...पर मैं प्रेम में थी तीनों के साथ। वे तीनों मेरे व्यक्तित्व के अलग-अलग हिस्सों का प्रतिनिधित्व करते थे। किसी पज़ल-गेम की तरह वे तीनों मुझसे आकर जुड़ जाते और तभी मैं पूर्ण महसूस करती। वे तीनों भी मेरे प्रेम में थे। बिलकुल एक-सी गहराई से। काश, उनमें से कोई मुझे छलकर चला जाता या प्रेम के नाम पर कपट करता तो मैं निर्णय लेने के बोझ से बच जाती।

अब मैं किसी एक से मिलती तो मन दूसरे के पास पड़ा रहता। एक के पास होकर मन दूसरे के सानिध्य को बेचैन रहता। कभी किसी क्षण किसी दूसरे का नाम फिसलने को होता तो मैं तुरन्त जीभ काट लेती। इसका हल मैंने यह निकाला कि मैंने तीनों का नाम लेना बन्द कर दिया। उन्होंने कुछ रोज़ बाद नोटिस करना आरम्भ किया लेकिन फिर एक बचकाने मज़ाक में उड़ा दिया कि मैं शायद शादी के बाद का अभ्यास कर रही हूँ। मैं शादी के बारे में सुन सोच में पड़ गयी। कैसा होगा शादी के बाद मेरा जीवन। दो को छोड़ किसी एक के साथ किस प्रकार रहूँगी। उस एक के प्रति न्याय, बाकी दो के प्रति अन्याय होगा। नहीं, न्याय तो उस एक के प्रति भी नहीं होगा क्योंकि शेष दो लोगों से मन आच्छादित रहेगा। मेरे सूनेपन का जो हिस्सा वे भरते हैं उसे कौन भरेगा। मैं अकेलेपन के डर से त्रस्त होने लगी। जो नहीं हुआ था वह मुझे आशंकित करने लगा।

किसे कहूँ समझ नहीं आया...कौन समझेगा? जिसे कहूँगी वही चरित्रहीन

कहेगा। और...और फिर! कोई मुझे प्यार नहीं करेगा। तीन प्रेमियों की दुलारी प्रेमिका लाँछित होकर एकाकी रह जायेगी। नहीं, यह कैसे सम्भव है। इतने प्रेम के बीच रहकर प्रेम की छोटी-सी मात्रा को भी तरसना...असम्भव। नहीं, मैं किसी को नहीं कहूँगी। यह क्या किसी को कहने की बात है। वक्त ज़रूर ही कोई राह सुझा देगा।

पर मैं अपने निर्णय पर अधिक दिन कायम नहीं रह सकी। तनाव बढ़ते-बढ़ते सीमा पार करने लगा था। मुझे जल्द-से-जल्द खुद को उगल देने की चाह होने लगी। प्रसूति का वक्त होने पर स्त्री जिस तरह क्लांत हो जाती है कुछ उसी प्रकार अब यह बोझ उठाने में मैं असमर्थ थी। एक रात मैंने सारी लड़कियों को बाहर ठेल दिया। नीलाक्षी को सामने बिठाया और सब कह दिया। सुनकर वह बहुत हँसी। फिर मेरी पीठ थपथपाई और 'कैरी ऑन' का उपदेश देकर मेरी तरक्की का ढोल पीटने बाहर की ओर रुख करने लगी। मैंने उसे पकड़कर फिर बिठाया और उससे गुज़ारिश की कि वह बात समझे। उसे समझ नहीं आया कि मैं इतनी गम्भीर क्यों हो रही हूँ।

उसने खुद का उदाहरण देते हुए समझाया कि उसके चार बॉयफ्रेंड हैं और वह बहुत खुश है। बहुतायत में तोहफ़े मिलते हैं। हर सप्ताहांत अलग-अलग स्थानों पर घूमने जाती है, जिसका खर्चा ज़ाहिर है उसे कभी नहीं करना पड़ता। कोई छोड़ने की धमकी दे तो कोई चिंता नहीं रहती। चार में से कम-से-कम एक तो हमेशा उसके लिए मौजूद रहता है। लड़कों की भाषा में जिसे 'डिमान्डिंग' कहते हैं उस ठप्पे से वह आज तक दूर रही है। ज़रूरत पड़ने पर उन्हें कसकर उनकी हेकड़ी निकालती रहती है। इन कारणों से अपने सारे सम्बन्धों में हर तरीके से उसका हाथ ऊपर है और कद ऊँचा। वह जीवन के पर्याप्त संतोषजनक मोड़ पर है। किसी को छोड़ना और रखना...उसकी भाषा में 'इन और आउट' करना, उसके लिए खेल है। भावनात्मक लगाव से वह बचती है और प्रसन्न रहती है। करीबन एक घंटे तक मुझे भाषण देने के पश्चात् जब उसे इत्मीनान हो गया कि मैं समझ गयी हूँ ऐन उसी वक्त मैं बुक्का फाड़ कर रो पड़ी। मैं रो रही थी कि मैं नीलाक्षी जैसी नहीं थी। मैं रो रही थी कि मैं तीनों के साथ प्रेम में थी...कि वे तीनों मुझ पर जान छिड़कते थे। मेरे धोखे के बारे में जानकर शायद वे पागल हो जाते। किसी को 'इन-आउट' करना मेरे लिए मुमकिन नहीं था।

नीलाक्षी मेरे इस तरह रोने पर शायद बात की महत्ता ज़रा-बहुत समझ पायी। लगभग पूरी रात मुझे सुलाने की कोशिश करते हुए वह जागती रही। सुबह उसका चेहरा दमक रहा था। एक अनोखी आभा उसके मुखमंडल पर थी। मेरे आँखें खोलते ही उसने मेरा हाथ थामा और ओजपूर्ण वाणी में कहना शुरू किया, 'तू तीन पुरुषों के सम्पर्क में रहकर भी किसी एक को नहीं चुन पायी। वह इसलिए कि किसी में ऐसी अद्‌भुत खूबी है ही नहीं जिसके कारण तू उसको बाकियों से ऊपर रख, चुन सके। सब बस यूँही-से हैं...एवरेज-से। हमारी बन्नो रानी को इन सबसे बेहतर कोई चाहिए।' उसकी ऐसी तकरीर सुन मैं तनावपूर्ण स्थिति में भी हँस पड़ी पर वह गम्भीर थी। वो चाहती थी कि मैं खुद को एक मौका और दूँ। इस बार किसी ऐसे व्यक्ति को चुनूँ जो उनसे अलग और हर लिहाज़ से बेहतर हो। अक्ल, शक्ल और पैसे से भी।

मैं मानसिक रूप से विचलित थी। उसकी सलाह ठीक लगते हुए भी मैं उस पर अमल नहीं कर पायी। दिन और रात नोच फ़ेंकने की ज़द में ज़िन्दगी आ खड़ी हुई थी। मैं तमाम खयालात से लड़ते हुए बेचैनी के कगार पर थी। जज़्बातों से भरे हुए भी एहसासों से महरूम होने का शक खुद पर होता था। दिल नामालूम तौर पर धड़कता था। कभी यूँ चुप लगा जाता कि हिल-डुल कर खुद का जायज़ा लेना पड़ता कि ज़िन्दा भी हूँ या नहीं। मेरी नसों में मुहब्बत बहती थी। और ये क्या हुआ कि तीन लोग एक ही साथ इतने ज़रूरी हो गये थे। मैं उन तीनों से छुटकारा पाना चाहती थी। उन्हें भुला देना चाहती थी। टेबल पर शान्तनु के खत रखे थे। श्रीकांत ने अंडरलाइन की हुई किताबें भेजी थीं और वे सारे सवाल जो वह पूछ नहीं पाता उन लफ़्ज़ों में सरसराते मुझे दिखाई देते। अर्नब अपना नया घर सजा रहा था। हम दोनों की तस्वीर, बहुत बड़ी कर उसने बेडरूम में लगाई थी। सड़क किनारे किसी बात पर छीना-झपटी करते हुए हम उसकी नीली गाड़ी के पास खड़े बेतहाशा हँस रहे थे। उसी पल को सड़क के दूसरे छोर पर खड़े अर्नब के मित्र ने कैमरे में कैद कर लिया था। यही तस्वीर अब 'हमारे' होने वाले कमरे में थी। मैं इस तस्वीर में खुश थी। मगर क्या इस तस्वीर में मेरे साथ सिर्फ़ अर्नब था? शांतनु का भेजा आसमानी रंग का सूट पहने थी मैं, कानों में श्रीकांत के दिए नीलम दमक रहे थे, हाथ अर्नब ने कसकर दबाए हुए थे। वही हाथ जिसमें

उसने कुछ रोज़ पहले मूँगे का ब्रेस्लेट पहनाया था। यह सिर्फ़ ज़ेवर या कपड़े नहीं थे। ये तीन अलग-अलग लोग थे जिन्हें मैंने पहना हुआ था। तीन, बेहद प्यारे लोग। जाने क्या हुआ कि तमाम बेखयाली और फ़ाख्ता-होश के बावजूद मैं उठ खड़ी हुई और अपना एल्बम निकाल लायी। मैंने उन तीनों की तस्वीर निकाली और अपनी तस्वीर के साथ उन्हें जोड़कर देखने लगी। कौन-सा एक था जो मेरे साथ रहेगा। मुझे लगा मैं डूब रही हूँ। काश, मुझे किसी से मुहब्बत नहीं होती तो सब आसान होता। ये कौन लोग थे जो मेरे अपने हो गये थे। एक रूह, एक मन, एक देह...किसे उतार फेंक दूँ। क्या वाकई मुझे किसी और को चुनना होगा जो इन तीनों की जगह ले ले। इन तीनों को एक ही इन्सान में खोजना होगा। क्या यह सम्भव है! मुझे लगा कोई मेरे हिस्से पतली-पतली फाँकों में कतर रहा है। मैं खुद को छू देख लेना चाहती थी कि मैं कहाँ से सलामत हूँ और कहाँ से कटी-फटी। मैंने कपड़े उतारे और आईने के सामने जा खड़ी हुई। मुझे मेरी देह के भीतरी अंग नज़र आ रहे थे। मांस और रक्त से लिथड़ी हड्डियाँ और उस पर जगह-जगह चस्पाँ दिल, मैं दिल गिनने लगी। लेकिन वे गिनने में नहीं आ रहे थे। मैं आईने में देख रही थी कि दिल मर रहे थे जैसे कोई गला घोंट उन्हें मार रहा है, वे कसमसा रहे थे। वे धीमे स्वर में किसी का नाम पुकार रहे थे, उनके होंठ थे। वे प्रार्थना में बुदबुदा रहे थे। मैं सुनना चाहती थी। मैंने कान आईने के नज़दीक किए। उनके हाथ उग आये। वे मुझे अपने नज़दीक खींच रहे थे। मैं आईने में कैद नहीं होना चाहती थी। मैं भागने लगी। कमरे के दरवाज़े के करीब आ मुझे महसूस हुआ कि मैं निर्वस्त्र हूँ। मैंने खुद को पलंग पर धकेल दिया और कम्बल से ढक दिया। अपने शरीर को साँस लेते मैं देख पा रही थी। साँसें वीराने का साज़ हो गयी थीं। आँखें आहिस्ता-आहिस्ता पलकों का चोला पहन रही थीं। मेरी लम्बी-घनी बरौनियाँ यूँ पहरेदार बनी थीं कि कोई ख्वाब भी भीतर न जा सके। मैं सुकून में थी, अरसे बाद।

जाने कब मेरी आँख खुली। कुछ लम्हे, घंटे या दिन। कोई हिसाब न था। नीलाक्षी मेरे सिर पर हाथ रखे हुए थी और किसी से फ़ोन पर बात कर रही थी। मेरे आँख खोलते ही उसने फ़ोन मुझे पकड़ा दिया। फ़ोन से आवाज़ झर रही थी...दूर घाटियों के सन्नाटे में घोड़े की टापों का स्वर, पहाड़ों की

बारिश में एक कंगूरे का आसरा...मैं आवाज़ से लिपट गयी। आवाज़ की गर्माहट ने मुझे जकड़ लिया। मेरे कँपकँपाते होंठ ठहर गये। मैं बच्चों-सी सन्तुष्ट हो गयी। आवाज़ बहती रही नदी बन। मैं किनारे पर बैठी लहरों पर हिंडोले खाती रही। आवाज़ लचकती थी, आवाज़ ठहरती थी, आवाज़ बहती रहती थी। फिर बीते घंटे, दिन और सदियाँ। आवाज़ आती रही और एक दिन मैंने ख़्वाहिश ज़ाहिर की नदी के बीच उतरने की। और अगले ही क्षण मैं नदी की फेनिल लहरों की गिरफ़्त में थी।

वह सामने खड़ा था। यह कौन-सा मौसम है। उसके कपड़ों से समझ न आया। मैं पसीने से तरबतर थी। उसने पीले रंग का पुलोवर पहना था। मुझे लगा तितलियों ने मुझे घेर लिया है। वह मुस्कुरा रहा था। नीलाक्षी ने परिचय कराया था। यही है मेरा कज़िन और तुम्हारा फ़रिश्ता।

' ''फ़रिश्ता!'' क्या मैं तुम्हें फ़रिश्ता कहकर पुकारती थी।' बदले में एक कहकहा गूँजा था... 'मैं देवांश हूँ।' अब मैं बर्फ़ से ढके पहाड़ की चोटी पर थी। हवा यहाँ सुरीली थी। अनसुने राग अपने मूर्त स्वरूप में विराजमान थे। मैं उन्हें छूकर देखना चाहती थी। उसने मेरा हाथ थाम लिया। अब मैं नीचे की ओर फिसल रही थी। उसका हाथ थामे। यह राह पहले भी कहीं देखी है। कहाँ! सफ़ेद बर्फ़ पेड़ों की फुनगियों पर बैठी थी। पेड़ बारहसिंगा के सींगों की मानिंद पहाड़ों के पीछे से झाँक रहे थे। शान्तनु की तस्वीरें जो उसने स्विट्ज़रलैंड से भेजी थीं। निर्मल वर्मा की किसी किताब की पंक्तियाँ मन में उभर आयीं जो श्रीकांत ने दी थी। अर्नब के साथ पहली मुलाकात पहाड़ों पर, मैं घबराकर उठ बैठी। आवाज़ का चेहरा भी था। मैं हैरानी से उसे तक रही थी। उसने मुझे माथे पर एक प्रगाढ़ चुम्बन दिया और अपने हाथों का सहारा दे खिड़की पर ले गया। खिड़की के पार हरी घास से ढका मैदान था। 'ये दिसम्बर है।' उसने कहा। वह मेरे मन की बात जान रहा था। 'तुम्हारी आवाज़ बहुत अच्छी है,' उसने फिर कहा, 'तुम भी'। अब स्वर की स्मृतियाँ मन में खदबदा रही थीं। हाँ, मैं इसे जानती थी। मैं इसके साथ फ़ोन पर थी कई दिनों से। नीलाक्षी ने मैनिज कर फ़ोन लाइन का एक्स्टेन्शन लिया था। उसने नज़दीक रखी शॉल मेरे कंधों पर रखी और मेरा सिर सहलाकर चूम लिया। मुझे वो अच्छा लगा। वह रोज़ आने लगा। वह मेरी तस्वीरें बनाता, वह पेंटर

था। बाद में उसने मुझे बताया उसका अपना व्यवसाय भी है। वे दिखने में 'मिल्ज़ एंड बून्स' के हीरो-सा था। 'तुमने अब तक शादी क्यों नहीं की ?' एक रोज़ मैंने पूछा था। 'वक्त नहीं मिला और ज़रूरत नहीं लगी।' उसने मेरे चेहरे पर आयी लट पीछे करने के उपक्रम में हाथ बढ़ाया तो मैंने उसका हाथ वहीं रोक आहिस्ता से अपने हाथ में ले लिया। 'मुझे भी पेंटिंग करना सिखाओ।' वह इतना खूबसूरत था कि मेरा मन उसे पेंट करने को चाहने लगा था। कुछ रोज़ की मेहनत के पश्चात् मैं रेखाएँ खींचने लगी थी। हर सुन्दर रेखा के साथ उसके प्रेम का घनत्व बढ़ता जाता था। हाँ, वह मेरे प्रेम में था। और मैं...मुझे फिर एक बार प्रेम हो गया था।

लेकिन वह उन तीनों का रेप्लेस्मेंट नहीं था। वह चौथी शाखा थी। प्रेम का अंकुर फूटते ही मेरे मन में उन तीनों के लिए अनुराग जागा। कहाँ थे वे तीनों ? कैसे विस्मृत कर दिया मैंने ? मेरा मन मुझे धिक्कारने लगा। कहाँ होंगे वे ? मैंने नीलाक्षी से पूछा। नीलाक्षी ने खतों का एक पुलिंदा मेरे आगे लाकर रख दिया। लगभग रोज़ाना वे मुझे खत लिख रहे थे। मैं बीमार थी और किसी से मिलना नहीं चाहती थी यह समझते हुए वे मुझे स्पेस दे रहे थे पर मेरे लिए चिंतित और अधीर थे। मैं ग्लानि से भर गयी। मैं उन तीनों को बुला उन्हें प्यार करना चाहती थी। क्या बीत रही होगी उन पर!

द्रौपदी! वह भी तो पाँच पुरुषों की अर्द्धांगिनी थी। तब से अब तक कुछ सदियाँ ही तो बीती हैं। माना, पाँच पुरुषों का पति रूप में चुनाव उसका निर्णय नहीं था परन्तु तब भी पाँच पुरुषों का संग उसने किया। उसने प्रेम के वशीभूत हो यह नहीं किया परन्तु क्या बाद में भी प्रेम पल्लवित न हुआ होगा। रात्रि एक पुरुष को सौंपकर दिवस पाँच पुरुषों के समक्ष स्थितप्रज्ञ हो रहना क्या उसके लिए चुनौती होती होगी! क्या पुरुषों की आँखों में सवाल कुलबुलाते होंगे अथवा उनके मन कामनाग्रस्त हो जाते होंगे। अपनी स्त्री को अपने ही सहोदर के साथ कल्पना में देखते होंगे अथवा अपनी कामनाओं को लज्जा का आवरण पहना रखते होंगे। द्रौपदी, तुम कहो न! क्या कभी एक के प्रति अधिक प्रेम छलकता था? क्या अन्य पुरुष प्रेम के इस प्रदर्शन से क्षुब्ध हो जाते थे अथवा तुम्हारा ध्यान आकर्षित करने को लालायित हो उठते थे? सेज पर तुम जिसके साथ होती थीं उसी का ध्यान करती थीं अथवा बीती

रात्रि की स्मृतियाँ तुम्हें छेड़ उठती थीं? क्या करती थीं तुम जो किसी और पुरुष का संग तुम्हें लुभाता और शैया पर कोई और उपस्थित होता? क्या शैया छोड़ उसके पास जाती थीं अथवा उसे मन में धारण कर जहाँ होतीं वहीं रह जाती थीं? कैसे बाँटती थीं अपने दिन, क्षण तुम? क्या ईर्ष्या भाव नहीं जागा तुम्हारे स्वामियों के मध्य? अगर परिस्थितियों की बजाय यह चुनाव तुम्हारा होता तो क्या मान्य होता? इस प्रश्न पर आकर मैं उलझ जाती हूँ। एक स्त्री का यह निर्णय किसको मान्य होगा। संसार की बात दूर, क्या मेरे प्रेमी यह स्वीकार कर पाएँगे!

उनकी प्रेमिका जो उन्हें अज़ीज़ है, जिसे वे खुद का हिस्सा मान बैठे हैं, जिसकी हर इच्छा का वे मान रखते हैं। उसे तकलीफ़ न हो इसलिए तकलीफ़ खुद झेलते हैं। बच्चों की भाँति प्रेम किया उन्होंने मुझसे। वे कैसे बाँटेंगे मुझे। फिर भी उन्हें बताना होगा। उन्हें अब और अँधेरे में नहीं रखा जा सकता।

मैंने एक नियत तारीख पर चारों को बुलावा भेजा था। तय समय से कुछ पहले मैं वहाँ पहुँच गयी थी। शहर के सबसे खूबसूरत रेस्तराँ का चुनाव किया था। अच्छी जगह शायद 'शॉक-अब्ज़ॉर्वर' का काम कर सके...एक बेमानी-सा खयाल था। एक दबा-ढका डर भी था कि वे क्रोध में कुछ कर न लें...मेरा नहीं पर कहीं खुद का अहित न कर बैठें। लिहाज़ा यह जगह सुरक्षित लगी। लाइव गज़लों के बीच अपने प्रेमियों पर पत्थर जैसा कड़ा सत्य फोड़ना था।

चिट पर अपनी फ़रमाइश लिख भेजनी थी। मैं सोच रही थी कौन-सी गज़ल उपयुक्त होगी। याद करते-करते वे सारे गीत ज़ेहन में तैर गये जो वे चारों मुझे सुनाते थे। कमाल की बात है कि वे चारों अच्छा गाते थे। और भी बहुत-सी बातें उनमें मिलती थीं। वे चारों एक-दूसरे के अच्छे प्रेमी हो सकते थे। एक खयाल फिर कौंधा और भरी बेचैनी में मैं हँस दी। बेचैनी फिर अपने चरम पर थी। गज़ल किनारे रख मैं टहलने लगी। मैंने सोचा कि क्यों न यहाँ से भाग जाऊँ। एक ही टेबल पर चारों मिलेंगे तो खुद-ब-खुद उन्हें मालूम हो जायेगा। लेकिन नहीं, मुझे उन चारों के नज़दीक रहना था। मैं उनकी मुहब्बत थी, वे भी मेरी मुहब्बत थे। शायद मैं अपने पैरों पर कुल्हाड़ी मार रही थी पर यह एक ऐसी पहेली हो गयी थी जिसे सुलझाना ज़रूरी था। पहेली शायद थी ही नहीं। प्रश्न भी नहीं क्योंकि उत्तर मैं जानती थी। एक क्षीण आशा थी...जो

न होता हो वो होने की। भारत में कई जनजातियाँ हैं जहाँ स्त्रियाँ इस प्रकार के सम्बन्ध में होती हैं। ज़मीन का बँटवारा न हो इसलिए कई भाइयों के बीच एक ही स्त्री परिवार में लायी जाती है। धन के लिए अगर यह सम्भव है तो भला प्रेम के लिए क्यों नहीं।

मैंने घड़ी देखी, वे आते होंगे। वे वक्त के पाबन्द थे। मैं मेज पर पहुँची और कश्मीरी पश्मीना खुद के इर्द-गिर्द लपेट लिया। पानी के घूँट पिए और आने वाले वक्त के लिए मन को मज़बूत किया। मैं कई दिनों से कोशिश कर रही थी पर अब जब वह पल इतना करीब था तो मेरी साँसें रुकी हुई थीं। मुझे उनके वायदे याद आये, उनकी बातें, उनकी मुहब्बत। मेरी साँसें बहाल होने लगीं। वे मुझे समझते हैं, वे समझेंगे। वे मुझे चाहेंगे...जैसे अभी चाहते हैं। ग़ुलाम अली की गज़ल मद्धम हो रही थी और अचानक फ़िज़ाँ जैज़ संगीत से सराबोर हो गयी। मेरी नज़रें स्टेज पर टिक गयीं। एक डान्स ट्रूप भड़कीले कपड़े पहने स्टेज पर आ खड़ा हुआ था। एक सजीला लड़का और सलोनी-सी लड़की लीड कर रहे थे। संगीत तेज़ हुआ और कमर बल खा उठी। लड़कियों-सी कोमलता लिये लड़का और कटावदार अंगों के साथ नुकीले हावभाव लिये लड़की नाच उठे। उनके पैरों में स्प्रिंग थे और लचकदार जिस्म से उन्होंने जादू रच दिया। मैं भी बच नहीं पायी। मुझे वह रात याद आयी जब वेव डान्स करते हुए मैं झूम रही थी। एक ही इअरफ़ोन के प्लग्ज़ कान में डाले कव्वालियाँ सुनते लाइब्रेरी याद आयी। दुर्गा पूजा के पंडाल में किया नृत्य याद आया। और मेरे कमरे के एकांत में रंगों के बीच नृत्य की मुद्रा में खड़ी मैं याद आयी।

मेरे कदम उठे और थिरकने लगे। मैं 'मूव्ज़' कॉपी कर पा रही थी। सारे गेस्ट्स तालियाँ बजाकर मुझे प्रोत्साहित करने लगे। वह लड़का आया और मुझे हवा के समान उठा स्टेज पर ले गया। आह, अब मैं हवा थी और वह उस हवा को साधता हुआ रिंग मास्टर। मेरा जिस्म टूट रहा था, बिखर रहा था, बन रहा था। मेरी स्मृतियाँ अग्नि-सी प्रचंड हो उठी थीं और मुझे उनके बीच से बगैर झुलसे निकलना था। शांतनु प्रवेश कर रहा था। मुझे स्टेज पर देख उसकी आँखों में प्रशंसा का भाव आया था। वह मेरे करीब होना चाहता था। मैं लपक कर उससे लिपट जाना चाहती थी। मगर नहीं...अभी नहीं, मैं

नाचती रही। श्रीकांत अपनी मुस्कुराहट से मुझ पर इंद्रजाल फेंक रहा था। अर्नब इशारों में कह रहा था कि मैं उसके पास चली आऊँ नहीं तो वो स्टेज पर आ जायेगा। इस बीच देवांश कब स्टेज के करीब आ खड़ा हुआ मुझे मालूम ही न चला। वह मुझे करीब से पढ़ रहा था। मैं जानती थी वह मुझे कैन्वस पर उतार लेना चाहता था। उन सबकी आँखों में अचरज था। मैं उल्लास से परिपूर्ण थी। ये सब मेरे प्रेमी और मैं इनकी चिरकालीन प्रेमिका। मैं सुखी थी, मैं खुश थी। मैं उन सबको चूम लेना चाहती थी...उन अधरों को जिन्होंने न जाने कितनी बार मुझे अपने प्रेम से आह्लाादित किया है। संगीत चरम पर था, नृत्य भी। मेरे कपोल ज़रूर रक्ताभ हो उठे होंगे। चारों के नेत्रों में अग्नि की लौ लपलपाती थी। वे एक-दूसरे को देख रहे थे। फिर वे मेज़ पर गये थे। मेरा गरमी से बुरा हाल था। मैंने जैकेट उतारकर फेंक दी जिसे एक दर्शक ने शोर मचाते हुए लपक लिया। उस लड़के ने मुझे बाँहों में उठाया और एक आखिरी 'बो' दर्शकों को दिया। मैंने उनकी ओर देखा। वे मुझे नहीं देख रहे थे। मैं लगभग उड़ते हुए वहाँ से उतरकर उन तक पहुँची और उन चारों को एक साथ कस लिया। मैं रो रही थी, चरम पर पहुँचकर अब नीचे की ओर बह रही थी। तभी अचानक वे चारों मेरी बाँहों के घेरे से छिटक दूर खड़े हुए।

'ब्लडी प्रॉस्टिट्यूट' एक समवेत स्वर मेरे कानों में पड़ा। इसके पश्चात् जीवनभर के लिए मैं बधिर हो गयी...नेत्रहीन भी।

फिसलते फ़ासलों की रेत-घड़ी

अबीर ने लिफ़्ट का बटन प्रेस किया तो याद आया पार्थ के लिए जो तोहफ़े खरीदे थे वे भीतर ही छूट गए। हड़बड़ाई हुई वापस भीतर गयी और पैकेट उठाये। घड़ी पर नज़र गयी तो उलझन हो आयी। कितनी देर हो गयी थी। पार्थ प्रतीक्षा में होगा। सीधे एयरपोर्ट से उससे मिलने चला आया। अबीर ने कहा था उससे घर आने को मगर उसने मना कर दिया। उसे आज ही लौटना था। इंडिया से वह सिर्फ़ उससे मिलने आ रहा है एक दिन के लिए, यह खयाल उसे असहज कर गया। रूम लॉक कर वह नीचे उतरी तो गर्म हवा का झोंका उसके चेहरे से टकराया। यहाँ बारहों महीने एक-सी ही हवा रहती है। गर्म और उमस भरी। सिवाय कुछ दिनों के जब यह हवा वासंती हो उठती है। मगर वे दिन अभी दूर हैं। उसने टैक्सी रोकी और पता बताकर बैठ गयी। अबीर ने पार्थ को फ़ोन पर बात करने को कहा था परन्तु वह नहीं माना था। उसने कहा था मिलकर ही बताएगा। अबीर ने अपना मन टटोला, क्या वह नहीं जानती थी क्यों आ रहा था। कैसा व्यवहार करेगी उससे। आखिरी मुलाकात डेढ़ साल पहले हुई थी। फिर बीच-बीच में फ़ोन पर बातें होती रहीं मगर वे बातें संयत होती थीं। अबीर जानबूझकर इन बातों के बीच का अन्तराल बढ़ाती रही। और परसों तीन महीने बाद जब पार्थ का नम्बर फ़्लैश हुआ तो पसोपेश में थी कि फ़ोन उठाये या नहीं। एक बार घंटी बजकर चुप हो गयी तो इत्मीनान की साँस ली थी मगर फ़ोन फिर बज उठा था। ज़रा असमंजस के पश्चात् उसने फ़ोन उठा लिया। क्षणभर के मौन के बाद जानीपहचानी खुरदुरी-सी आवाज़ ने अपने आने की सूचना दी थी। न उसने तफ़सील से कुछ कहा, न अबीर ने कुछ पूछा।

टैक्सी अचानक झटके के साथ रुकी तो उसने बाहर देखा। एक आदमी कपड़े खोले सड़क पर पड़ा है। हाथ-पाँव यूँ फेंक रहा है जैसे गहरी तक़लीफ़ में हो। उसकी नज़र उसकी टाँगों के बीच गयी तो मन गहरे विषाद से भर गया। यहाँ आबादी का बड़ा भाग 'ट्रांसजेंडर' है। सतह पर दीखता है कि यहाँ इन्हें बराबर के अधिकार प्राप्त हैं, समाज इनके प्रति उदार है परन्तु सामाजिक-सांस्कृतिक स्थितियों के अध्ययन पर पायेंगे कि वह उदारता मिथ्या है। पक्षपात सरकते हुए यूँ भीतर पैठता है कि ऊपर से सब बढ़िया लगते हुए भी भेदभाव का यह रवैया ज़रा से अभ्यास से चीन्हा जा सकता हैं। सबसे अधिक भेद आज भी लोगों की नज़रों में है। अबीर का मन चाहा कि उतरकर उसकी मदद कर दे पर तब तक पुलिस की गाड़ी आ गयी थी। उसने ग्लानि का भाव परे झटक दिया। टैक्सी के बैकव्यू मिरर पर नज़र गयी तो ड्राइवर की आँखों में कौतुक-भरी हँसी दिखी। उसे वितृष्णा हो आयी। वह चुपचाप बाहर देखने लगी। एक के बाद एक इमारतें पीछे छूट रही थीं। चुलालोंगकोर्न यूनिवर्सिटी की चौहद्दी शुरू हो चुकी थी। शहर के बीचोंबीच कई एकड़ में फैला यह विश्वविद्यालय न केवल अपनी शिक्षण-व्यवस्था के लिए बल्कि अपने कैंपस के लिए भी विख्यात है। पेड़ों की लम्बी कतार परिसर के साथ चलती है। अबीर ने चेहरे पर आ ठहरी पसीने की बूँदों को टिश्यू से पोंछा और सँभलकर बैठ गयी। ज़रा आगे उतरना है। यहीं मिलना तय हुआ था। उन दोनों का प्रिय स्थल। शहर के केन्द्र में स्थित 'सियाम स्क्वायर' जो दुनियाभर के पर्यटकों, यूनिवर्सिटी के छात्रों और शहर के लोगों के बीच समान रूप से लोकप्रिय है। लन्दन के लिए जिस तरह 'बांड स्ट्रीट' है, वही महत्ता 'सियाम स्क्वायर' की बैंकॉक के लिए है। जब पार्थ यहाँ था तो लगभग हर वीकेंड वे दोनों यहाँ आते थे। दुनियाभर का स्वाद चखने से लेकर नाइट-लाइफ़ और शॉपिंग तक...वे दोनों कुछ नहीं छोड़ते थे। अबीर को एहसास हुआ कि वह पार्थ के जाने के बाद फिर कभी यहाँ आयी ही नहीं।

टैक्सी धीमी हुई तो पार्थ अपने चिर-परिचित अन्दाज़ में नज़र आया। अपने लम्बे हाथों को पार्श्व में बाँध धीमे-धीमे चहलक़दमी करता हुआ, ज़रूर कोई पुराना गीत गुनगुना रहा होगा।

टैक्सी का दरवाज़ा खुलते देख पार्थ लगभग दौड़ता हुआ उसके पास

पहुँचा और अबीर को खींचते हुए बोला, 'कितनी देर कर दी। कब से इन्तज़ार कर रहा हूँ।' अबीर ने देखा उसके दाहिने गाल पर हल्का-सा कट लगा हुआ है। उसे कोफ़्त हो आयी। अभी तक उतना ही अधैर्य है। अबीर ने उसे सधी दृष्टि से देखते हुए ठहरी आवाज़ में कहा, 'हर बार शीघ्रता अच्छी नहीं होती, पार्थ।' न चाहते हुए भी उसके स्वर में कड़वाहट घुल गयी। पार्थ ने आहत स्वर में उत्तर दिया, 'जीवन में हर बात के लिए विलम्बित दृष्टिकोण भी कहाँ अच्छा है अबीर!'

पार्थ का म्लान हो आया चेहरा देख उसे खेद हुआ। मुस्कुराकर उसने भरपाई करनी चाही। मगर पार्थ का अभिप्राय जान मुस्कुराहट कहीं भीतर घुट कर रह गयी। वह चुपचाप एस्कलेटर पर पाँव रख बढ़ चली। पार्थ ने देखा उसने स्लेटी रंग पहना है। ढीली-सी बैगी फ्रॉक जिस पर लाल-पीले रंगों के फूल उकेरे हुए हैं। ये निश्चित रूप-से उसी ने बनाये होंगे। उसके अनगढ़ हाथों की चित्रकारी वह पहचानता है। ब्रश का संतुलन न सही पर रंगों का चुनाव हमेशा उम्दा होता है। रंगों से खेलना उसे सदैव प्रिय रहा है। ज़िन्दगी हो या कैनवस। पार्थ की नज़र बालों में खोंसे हुए पीले कँवल-पुष्प की ओर गयी। यह ज़रूर उसके अहाते में खिला होगा। यह सोच वह मुस्कुरा उठा और कदम पहली सीढ़ी पर रख दिए। उसे स्मरण हो आया बगैर फूलों के उसका शृंगार कभी पूर्ण नहीं होता था। रोज़मर्रा का सामान लेने गयी अबीर का बैग उन वस्तुओं से अधिक फूलों से अटा होता था। बाद में उसने ढेर-से पौधे कैंपस में मिले अपने क्वार्टर के छोटे-से अहाते में लगा लिये थे।

अबीर ने पीछे देखा। निस्संदेह एस्कलेटर पर चढ़ना उसे अब भी भय से भर देता होगा। मगर वह मुस्कुरा रहा था। वही अल्हड़ मुस्कुराहट जिसके कोरों पर उदासी झाँक रही थी। उसके पीछे पलटने पर पार्थ की मुस्कान और गहरी हो गयी। उसके गालों के गड्ढे देख एक उसाँस निकली जिसे अबीर ने हल्की मुस्कान से ढक दिया। पुरुष डरते नहीं हैं यह भ्रम पार्थ को देख ही टूटा था। अभी तक तो खुद को दृढ़ और ठोस दर्शाते पुरुषों से वाबस्ता हुई थी अबीर। मन से स्वयं बच्ची-सी होते हुए भी पार्थ के आस-पास एक दायित्वबोध घेर लेता था।

शहर के सर्वाधिक भीड़-भाड़ वाले और खूबसूरत इलाके सियाम स्क्वायर

के इस स्काईवॉक (Skywalk) पर भी उतनी ही गहमा-गहमी रहती है जितनी पुल के नीचे सड़क पर। पैदल चलने वालों के लिए बने इस पुल के एक तरफ़ मेट्रो स्टेशन है, एक तरफ़ 'सियाम पैरागॉन' जहाँ दुनियाभर के बड़े ब्रैंड्स बेहद खूबसूरत शो-रूम्स में अपनी मौजूदगी दर्ज कराये हुए हैं। वहीं दूसरी ओर विशालकाय एम.बी.के मॉल जो जेब पर कम भार डालता है और इसीलिए बाहर से आने वालों के लिए शॉपिंग-हब है। नीचे भागते वाहनों से ठीक उलट, आहिस्ता बहते, पुल पर आपस में चुहल करते जाते लोग संतुलन का सिद्धांत प्रतिपादित करते लगते थे। अंडरवॉक (Underwalk) जहाँ घुटे हुए लगते वहाँ आसमान के निकट ये स्काई वॉक धुले-धुले और साँस लेते प्रतीत होते। अक्सर धूप का कोई टुकड़ा किसी खम्भे की ओट से छिपता-छिपाता चला आता और उस टुकड़े को पकड़ने की होड़ में वे दोनों वहाँ की तारतम्यता तोड़ दिया करते। सड़क उसे मशीनी प्रतीत होती जो मात्र पहियों का स्पर्श पहचानती और पुल उसे जीवित लगते जो संवेदनाओं को महसूस कर पाने में सक्षम थे। पार्थ को लगता वे नन्हे बच्चों के लहकते कदमों से लेकर बुज़ुर्गों के नपे-तुले कदमों तक के संवेगों को महसूस कर पाते होंगे। इसीलिए मन कभी विचलन से भर जाता तो उसका ठिकाना कोई ऐसा ही पुल होता जो पैदल चलने वालों के लिए बना होता।

पार्थ ने देखा कि अबीर स्वभाववश स्काई वॉक के बायीं ओर बने मेट्रो स्टेशन पर सजे छोटे-छोटे कियोस्क्स में से एक पर कुछ खँगाल रही है। स्मृतियाँ अन्तराल लाँघ उसके पहलू में आ खड़ी हुईं। परन्तु अबीर जो चाहे समझे, पहले वाला उतावलापन उसमें नहीं रहा। इसीलिए पीठ की सिहरन मन तक पहुँचने के पूर्व ही वह पलट गया और पास वाले काउंटर पर लीची ड्रिंक लेने चला आया। लीची की कई क़िस्मों में अबीर को सुर्ख़ लाल रंग के छिलके वाली लीची बेहद प्रिय थी। दरदरे आवरण के भीतर कोमल, चिकनी, फूलों की सुगंध वाली लीची उसे स्वाद के अतिरिक्त रूप में भी मोहती थी। ड्रिंक में लीची की पतली फाँकों को बुरकने का निर्देश देकर वह आस-पास का जायज़ा लेने लगा। परिवर्तन के नाम पर रंगों की विविधता ही दिखी। स्याह से लेकर गौर-वर्ण तक असंख्य रंग। शायद सैलानियों की आवाजाही पहले से कहीं अधिक हो गयी है। शेष उसे सब यथावत् नज़र आया। कोने

में बैठी बूढ़ी भिखारिन भी वहीं उसी स्थान पर थी। कितना-सा समय हुआ होगा, यही कोई डेढ़ साल। घूमती हुई पुतलियाँ अबीर पर जाकर स्थिर हो गयीं। बड़े बदलाव के लिए सम्भवतः यह समय-सीमा अल्प है। पर तुरन्त इस विचार पर अस्त-व्यस्तता ने उसे आ घेरा और वह जल्दी-जल्दी पलकें झपका अपनी आँखों का तनाव दूर करने लगा।

अबीर ने सिर घुमाकर देखा और आँख के इशारे से उसे बुलाया। उसने समीप जाकर देखा, उसने दोनों हाथों में अलग ब्रेसलेट पहने थे। क्षणभर वो देखता रहा। फिर दायें हाथ पर हाथ रख दिया। उस स्पर्श की कोमलता पर अबीर चौंक गयी और बिना कुछ खरीदे आगे बढ़ गयी। पार्थ ने उसकी ओर ड्रिंक बढ़ाया तो उसने चुपचाप ले लिया। पहला घूँट भरते ही जाना-पहचाना स्वाद उसकी जीभ से टकराया तो वह एक पल को ठिठक गयी। जिस स्थिति को वह इतनी देर से टाल रही थी वह स्वतः ही उसके सम्मुख आ खड़ी हुई। वह पुल की रेलिंग थाम धीरे-धीरे आगे बढ़ने लगी। अस्पष्ट आवाज़ों के बीच अलंघ्य मौन के टुकड़े टँगे थे। पार्थ उन टुकड़ों की रस्सी बँट अबीर के भीतर उतरना चाह रहा था। चुप्पी बोझिल होने लगी तो दोनों ठहर गये।

'कहाँ चलोगे?' अबीर ने पुल के नीचे बहता ट्रैफ़िक देखते हुए पूछा। प्रश्न जैसे स्वर की निःस्तब्धता से काँपकर रह गया। पार्थ को प्रतीत हुआ कम्पन से आवेशित लहरें सड़क पर उतर नृत्य कर रही हैं। मगर वह दरख़्तों की छाया थी। चमकीले पत्तों पर उसकी नज़र ठहरी न रह सकी।

'क्या इस बात से अब फ़र्क पड़ता है?' पार्थ ने नीचे खिसक आये गॉगल्स को ऊपर करते हुए कहा। यह कैसी बात थी। अबीर ठगी-सी पार्थ को देख रही थी। क्या पार्थ की नैसर्गिक कोमलता विलीन हो गयी है। हम जिन्हें जानते हैं वे अविरत भीतर-ही-भीतर किन तब्दीलियों से गुज़र रहे होते हैं, हम जान नहीं पाते।

'तुम ठीक तो हो?' अबीर पूछना चाहती थी। मगर कहीं इस बदलाव की वजह वह अबीर को ही करार न दे दे इसलिए प्रकट में उसने कहा, 'ओशन-वर्ल्ड चलते हैं।' क्या यह सत्य नहीं है कि पार्थ की उपस्थिति में वह स्वयं कुछ और हो जाती है। इतनी रूखी तो नहीं वह! पार्थ ने कुछ कहा जिसे अबीर सुन नहीं पायी। पुष्टि करने के लिए अबीर ने उसकी ओर देखा

तो पार्थ अनझिप आँखों से उसे ही तक रहा था। उसकी आँखों में ठंडापन उतर आया और वह उदास हो गयी। वह कभी पार्थ का मनचाहा प्रत्युत्तर नहीं दे पाएगी। पार्थ ने उसकी उदासी महसूस की। उसे प्रतीत हुआ वह अव्यक्त ही रह जायेगा।

सामने सियाम पैरागॉन था। लोग सेल्फ़ी स्टिक में मोबाइल टाँगे तस्वीरें खींचने में व्यस्त थे। मॉडल्स को मात देती छरहरी, कमसिन लड़कियाँ अपनी लम्बी टाँगों पर शॉपिंग-बैग्स का ढेर रखे बातचीत में मशगूल थीं। एक ओर रंग बदलते पानी की फुहारें भिन्न-भिन्न ज्यामितिक पैटर्न बना रही थीं जिसमें भीगने के लिए बच्चे उतावले थे। भीतर प्रवेश करते ही एक जानी-पहचानी खुशबू टकराई। अनगिनत इत्रों की मिली-जुली महक। डिज़ाइनर परफ़्यूम्स का दीवाना पार्थ जब भी आता यहाँ से इत्र खरीदता था। अबीर ने प्रश्नवाचक दृष्टि से पार्थ को देखा पर वह नीचे जाने वाली टर्मिनल पर पैर रख चुका था। अबीर क्षणांश के लिए अनुताप से भर उठी।

नीचे पहुँची तो पार्थ सामने स्क्रीन में तल्लीनता से डूबा हुआ था। स्क्रीन पर ओशन-वर्ल्ड के भीतर के दृश्य चलायमान थे। कई प्रकार की समुद्री-वनस्पतियाँ तथा जीव-जंतु और उनको देख अचरज व्यक्त करते, प्रसन्न होते लोग। अबीर ने देखा कि पार्थ की आँखें लोगों को चीरते हुए उनके उल्लास पर स्थिर हैं। टिकट लेकर भीतर प्रवेश किया तो शीतल हवा का झोंका देह को सिहरा गया। भीतर खूबसूरत अँधेरा था, जहाँ ज़रा देर उदासियों के प्रति निर्मम हुआ जा सकता था। उसे महसूस हुआ कि अंधकार की खुशबू प्रकाश से पृथक है। कोई एक ऐसा तत्त्व अंधकार में होता है जो सुगंध की मौलिक प्रकृति को अपने कलेवर में ढाल नवीन सुवास की सृष्टि करता है। यही अपरिचित आसव जीवन को मिल जाये तो पीड़ा की सर्जना सह्य रूप में सम्भव हो सकती है। अँधेरे के फंदे उसे अपनी कलाइयों पर सरसराते लगे। मन ने चाहा कोई उसका हाथ थाम ले।

आँखें अंधकार की अभ्यस्त हुईं तो काँच से छन कर आ रहे रंगों ने ध्यान खींचा। दीवार पर जड़े काँच के भीतर अगण्य मछलियाँ तथा समुद्री-जंतु और वहाँ से फूटता लाल-नीला प्रकाश। वे एक्वेरियम हैं, दीवार की गहराई में गुम। फ़ासले से देखने पर मात्र एक या दो तैरती मछलियाँ दिखाई दे रही

हैं। ज़रा-सी गर्दन मोड़ कर देखने पर भीतर दूर तक बहता नीला पानी दीख रहा है। समुद्र सा अभेद्य। अन्तर कैसा बीहड़ है, निकट लगी तख्ती पर लिखा विवरण पढ़ने पर ही मालूम होता है। समुद्र में कितनी गहराई पर यह मछली पायी जाती है अथवा किस तापमान पर यह जीवित रह पाने में सक्षम है... यह सब विस्तृत रूप से तख्तियों पर अंकित है तथा भीतर सब कुछ उनकी आवश्यकतानुसार व्यवस्थित है। उसने देखा पार्थ भी मोहित है। सराहना के भाव उसके चेहरे पर हैं। उसे अपनी ओर यूँ देखता पा पार्थ विहँस उठा। फिर 'अरेबियन सर्जनफ़िश' का विवरण पढ़ते हुए उसका हाथ थाम लिया। अबीर ने गौर किया कि यह पकड़ थोड़ी देर पहले वाले संकोच से मुक्त है। अब अबीर का मन भी हल्का हो चला था।

थोड़ा आगे बढ़े तो जैसे समुद्र पाँव तले आ गया। वे पारदर्शी-ग्लास पर खड़े थे और उनके नीचे थीं बृहत् आकार की दो शार्क मछलियाँ। कितना अनूठा था यह दृश्य। एकटक उस विशालकाय मछली-घर को देखते हुए अबीर वहीं ग्लास पर लेट गयी। शार्क जब भी घूमकर ग्लास के करीब आती तो वह उसकी आँखों में आँखें डाल देती। आस-पास का हुजूम भी शार्क को देखते ही उत्तेजना में कोलाहल कर उठता।' शार्क मीलों दूर से भी रक्त गंध पहचान लेती है,' पार्थ ने उसे भयभीत कर देने के लिए कहा।

'मात्र गंध ही नहीं वह अपने शिकार की आहट भी मीलों दूर से ताड़ लेती है' अबीर ने हँसते हुए कहा। 'अपने शिकार के प्रति निष्ठावान इतनी कि अपनी गति को दुगुनी कर उस तक जा पहुँचती है।'

'कल्पना करो अगर यह काँच टूट जाये तो?' पार्थ का स्वर उसके कानों से टकराया। पार्थ उसके निकट आ लेटा था।

'तो, हम दोनों उसका निवाला बन जायेंगे,' हँसते हुए अबीर फिर शार्क की आँखों में उलझ गयी। काँच का ठंडा स्पर्श उसे भला लग रहा था। पार्थ काँच के नीचे उगा कृत्रिम समुद्र देख रहा था। कृत्रिमता कितनी भी स्वाभाविक हो, यथार्थ नहीं हो सकती।

'क्या तुम अब भी उसे चाहती हो?' पार्थ ने सहसा पूछ लिया। इतनी देर से जो प्रश्न स्थगित था वह अन्ततः मूर्त-स्वरूप में दोनों के बीच आ विराजा।

अबीर ने बेधती नज़रों से उसे देखा। एक विराम के पश्चात् उसने कहा,

'क्या तुम अब भी मुझसे प्रेम करते हो?'

'अगर यह प्रश्न है तो गलत प्रश्न है क्योंकि उत्तर तुम जानती हो,' पार्थ ने सीधे बैठे हुए कहा।

'फिर तुम्हारा प्रश्न भी अनुचित है पार्थ,' अबीर ने शार्क को काँच के ऊपर से छूते हुए कहा।

उनके समक्ष वे सैकड़ों क्षण आ खड़े हुए जो उन्होंने संग व्यतीत किये थे। बलूत और मेपल के वृक्षों से ढका एशियन इंस्टीट्यूट ऑफ़ टेक्नोलॉजी का विशाल कैंपस। अबीर वहाँ दो वर्ष से जेंडर और डेवेलपमेंट पढ़ा रही थी। कॉटेज से क्लास और वापस कॉटेज, बस यही साधारण बँधा-बँधाया क्रम था। भिन्न-भिन्न देशों के असंख्य लोग थे। छात्र, शिक्षक, शोधार्थी...सबसे मुस्कुरा कर मिलती अबीर, परन्तु आत्मीय किसी से न हो पायी। अनाहूत-वृष्टि के शहर में अक्सर कोई सहकर्मी छाता लेकर कॉटेज तक छोड़ जाता और वह साड़ी सँभालती उसे ठीक से धन्यवाद तक नहीं कह पाती। किसी से निकटता की यही सरहद थी जिसे न अबीर ने पार किया न किसी अन्य ने। अवकाश के दिन बहुधा कुछ पढ़ते हुए गुज़रते अथवा चित्रकारी पर हाथ आज़माते हुए। कभी निस्पंद पड़े आकाश को ताकते हुए वक्त बीतता जाता। बाह्य संसार उसे स्पर्श नहीं कर पाता। मन की सघनता के मध्य जीवन तन्द्रिल हो कट रहा था।

उन्हीं दिनों किसी सेमिनार में पार्थ को पेपर पढ़ते सुना था। विषय की गहरी समझ से अबीर प्रभावित हुई। बेकार हो चुके पानी का प्रबंधन बेहतर तरीके से कैसे हो सकता है, पार्थ इस पर शोध कर रहा था। इस विषय पर उसने काफ़ी नयी और प्रभावी तकनीकों पर चर्चा की थी। उस सेमिनार में मात्र वे दोनों भारतीय थे। सम्भवत: इस कारण दोनों में मित्रता की नींव पड़ी थी। दिल्ली से सम्बद्ध होना भी उनके मध्य एक सेतु बना था। मृदुभाषी अबीर पार्थ को खूब अच्छी लगी थी। नि:शब्द रहकर भी बोलने की कला में माहिर अबीर को देख वह हतप्रभ था। बैंकॉक आने के बाद अब तक प्राय: एकल जीवन व्यतीत कर रही अबीर भी पार्थ के साथ घुल-मिल गयी। पार्थ का सरल-सहज व्यवहार उसे अच्छा जान पड़ा। हास्यप्रिय पार्थ के अनेक मित्र थे परन्तु धीरे-धीरे अबीर ने उनका स्थान ले लिया। कक्षा के अतिरिक्त जो समय बचता वह अब साथ ही बीतने लगा था। कॉटेज और कॉलेज के रास्ते तक

सीमित रहने वाली अबीर ने यूनिवर्सिटी के गोपन-अगोपन स्थानों को प्रथम बार पार्थ के साथ देखा। उसके पश्चात् नयी जगहों को एक्सप्लोर करने का जो सिलसिला शुरू हुआ तो दोनों ने शायद ही शहर का कोई कोना छोड़ा।

तीन वर्ष की अवधि में वे परम मित्र हो गये थे। पार्थ की पी-एच.डी. ख़त्म हो चली थी और उसे वापस लौटना था। आखिरी रात पार्थ ने कहा था, 'मैं जा रहा हूँ। तुम्हें लेने जल्द आऊँगा।'

ये बैंकॉक के चंद ठंडे दिन थे जो शहर का मिज़ाज बदल देते थे। अबीर ने स्कार्फ़ गले में कसते हुए अजनबियत से कहा, 'मगर क्यों?' 'तुम नहीं जानतीं?' कौतुक-प्रिय पार्थ आज संवेदनाओं के बीचोंबीच खड़ा था।

एक लम्बी चुप्पी के बाद अबीर ने कहा था, 'मैं किसी और से प्रेम करती हूँ।'

पार्थ हतप्रभ था। उसका हृदय अवर्णनीय पीड़ा से भर उठा था, 'हम तीन वर्ष से मित्र हैं। तुमने कभी उल्लेख तक नहीं किया। अनगिनत भावों के संगी थे हम...यही क्यों छिपा बैठीं अबीर!'

पार्थ की आहत-दृष्टि से काँप अबीर ने पलकें झुका लीं। 'हम विवाह बंधन में बँधने वाले थे। एक एक्सिडेंट में...ही इज़ नो मोर।' अबीर के स्वर की तरलता पार्थ के अन्तर को सिक्त कर रही थी। 'अब विवाह की कामना शेष नहीं है...न मानसिक रूप से मैं इसके लिए प्रस्तुत हूँ। प्रेम के प्रथम अध्याय का प्रतिस्थापन मेरे लिए असम्भव है।'

पार्थ निर्निमेष दृष्टि से अपने स्वप्न अबीर के अश्रुओं में बहते देख रहा था। वह तो विगत-आगत सब अबीर को मान बैठा था। 'अतीत कितना ही वैभवशाली अथवा मोहक रहा हो, बीत जाने पर उसे त्यागना ही होता है। अतीत को विस्मृत करना ही होगा। जीवन पीड़ा को ढोकर व्यतीत नहीं किया जा सकता। क्यों अपने जीवन पर विराम लगाए बैठी हो। मैं तुम्हें प्रेम करता हूँ, इसका यह अर्थ नहीं कि तुम्हें मुझे ही चुनना होगा। मेरे अतिरिक्त भी किसी का चुनाव करोगी तो मुझे तुम्हारे लिए प्रसन्नता होगी,' कहते हुए पार्थ का स्वर भावाकुल हो आया।

अबीर उसी प्रकार सिर झुकाए बैठी रही। यूनिवर्सिटी के पश्चिमी क्षेत्र में छोटी-सी झील थी। सिल्वर ओक के पेड़ के चहुँओर वन्य-लताओं ने डेरा

डाला हुआ था। डाल से विलग हो गये पीलेपत्तों से झील के किनारे अटे पड़े थे। अपनी नियति उसे उन पर्णों-सी प्रतीत हुई। थिर नज़रें चाँद की छाया को डोलते हुए देखती रहीं। 'पार्थ, जिसके सहारे जल से कई गुना भारी जहाज़ भी समंदर में खड़े रहते हैं...वह मेरे लिए वही एंकर था। मेरे प्रछन्न भावों को बखूबी समझ वह उन्हें आश्रय देता था।'

'परन्तु जो प्रेम दासत्व में जकड़ आपको आपके भीतर ही कैद कर दे वह कैसी प्रकृति का प्रेम है? जो जीवित नहीं, वह किस प्रकार तुम्हारी आवश्यकताएँ पूर्ण कर सकेगा।'

'कोई कील है हृदय में बिंधी हुई...जहाँ से निरन्तर कुछ अनचीन्हा प्रवाहित होता रहता है। कोई मेरा आह्वान करता है परन्तु कौन...वह अदृष्ट रहता है। मैं किसी को पुकारती हूँ परन्तु उसका नाम नहीं पढ़ पाती। अतीत जीवन में यूँ पैठा हुआ है कि उससे मुक्ति सम्भव नहीं लगती। मैंने मुक्त होने के प्रयत्न किये हैं परन्तु उसके अभाव में स्वयं को खंडित पाती हूँ। उसकी स्मृतियाँ इन खण्डों को अक्षुण्ण रखती हैं। स्वयं को इसी रूप में स्वीकार चुकी हूँ। उसकी स्मृतियों ने मेरे लिए शरीरी स्वरूप धारण कर लिया है, उनसे छल सम्भव नहीं। किसी अन्य को अपने जीवन में स्थान देना इन स्मृतियों के प्रति निर्ममता होगी तथा उस अन्य के प्रति क्रूरता।' चाँद पत्तों में अटक गया था। उसका मन हुआ पत्तों को छिन्न-भिन्न कर चाँद को स्वतंत्र कर दे। अबाबीलों का झुंड गाते हुए उनके ऊपर से गुज़र गया। शब्द चुक गये थे। वन का आभास देने वाले उस स्थान पर चुप्पी किसी साम्राज्य की मलिका-सी स्थित थी। परछाइयाँ पेड़ों के कद से ऊँची निकल रही थीं। छाया सत्य है...हर दिन जन्म लेने वाला सत्य जो जीवन के गर्भ से निकल बढ़ता है और घटकर समाप्त हो जाता है। क्षण-भंगुर जीवन जो किसी भी बोझ से मुक्त है। अबीर ने अपना जीवन इन्हीं परछाइयों को सौंप दिया है। अकंपित दृष्टि उसके अभेद्य हृदय का प्रमाण दे रही थी।

पार्थ ने बालों पर स्पर्श अनुभव कर आँखें खोलीं। अबीर को देखा तो कपड़ों की सिलवटें निकालती वह खड़ी हो चुकी थी। उसका अनुसरण करते हुए पार्थ भी उसके पीछे चल दिया। आगे बर्फ़ की चादर बिछी थी जिस पर गदबदे, छोटे पाँववाले पेंगुइन्स जोड़े में बैठे थे। पार्थ ने अर्थ-पूर्ण

दृष्टि से अबीर को देखा। परन्तु अबीर का मन उसके समक्ष जीवंत हो चले अंटार्कटिका में लोप था। पार्थ ने उसकी तन्मयता को भंग करते हुए कहा, 'क्या तुम जीवन भर ऐसे ही रहोगी, मृत संग मृत-सी।' अरसे पुराने चाँद के भग्नावशेष उछल कर उनके बीच आ गिरे। स्टार फ़िश को देखते हुए अबीर फुसफुसाई, 'पार्थ यह स्टार फ़िश प्रथम दृष्टांत तुम्हें जड़ लगेगी। तुम्हें प्रतीत होगा यह एक जगह पर स्थिर है। यहाँ से इतर कहीं और देखने पर सम्भवत: प्रस्तर समझ ठोकर भी मार दो। पर गौर से देखना यह चेतन है। इसमें जीवन का प्रवाह उतना ही विकार रहित और सरल है जितना बाकी जीवों में। मंथर ही सही, मेरा जीवन भी चल रहा है।'

'स्टार फ़िश रीढ़विहीन होती है अबीर...निर्बल और कमज़ोर। अशक्त जीवों से कैसी तुलना? क्या आवश्यकता है मरणासन्न जीवन जीने की? मैं तुम्हारी स्मृतियों में हस्तक्षेप नहीं करूँगा। हम नयी स्मृतियाँ गढ़ेंगे।' चाँद के टुकड़े हवा में तैर रहे थे। पार्थ का स्वर पनियल हो आया था।

अबीर ने स्टार फ़िश को कोमलता से छूते हुए कहा, 'कदाचित तुम्हें ज्ञात नहीं कि स्टार फ़िश रीढ़विहीन होते हुए भी अद्भुत लक्षण से युक्त होती है। अपनी देह के मृत अथवा खंडित अवयवों को दोबारा जन्मने की क्षमता।' अबीर का हृदय उतना ही अप्रवेश्य था। अबीर उदास थी परन्तु विश्वास से लबालब। चाँद के टुकड़े पिघल कर गिरने लगे थे।

बनफ़्शई ख्वाब

मंदिर का घंटा और दरवाज़े की घंटी लगभग साथ बजे और उसने चौंक कर घड़ी की ओर देखा। सात बज गये...इतनी जल्दी! वह मन-ही-मन पलों का हिसाब करने लगी। उसे पता था ठीक पन्द्रह सेकेंड बाद फिर दरवाज़े की घंटी बजेगी। तब तक दूधवाला लगभग बीस कदम चलकर बाकी दो घरों में दूध की थैली पकड़ा देगा। यही पन्द्रह सेकेंड उसके पास तय करने को थे कि उसे उठना है या नहीं। उसे उठ जाना चाहिए...उसने कोशिश की मगर नहीं उठ पायी। घंटी चीखती रही...इतनी तेज़ कि दीवारें उस चीख से अट गयीं। दीवार से फिसलते हुए उसकी नज़र ज़मीन तक गयी...फ़र्श भीगा है। फ़र्श पर क्या गिरा है...कहीं कल रात फिर...? अब सब पोंछना होगा। बिखरा हुआ समेटना क्यों पड़ता है? नहीं, वो कुछ नहीं करेगी।

पेड़ की हिलती हुई शाख़ पर उसकी निगाह अटक गयी। पत्तों की ओट से छनकर आ रही धूप की किरचियाँ उसे ज़ुबान पर चुभती महसूस हुईं। उसे गर्म थूक को उगलने की शदीद इच्छा हुई पर उसने उसे निगल लिया। कल चौथी रात थी जब उसकी आँखों ने झपकने से इनकार कर दिया था। शुरू में उसे घबराहट हुई पर अब वह अभ्यस्त हो चली है। ज़्यादा थकान होने पर अब वह आँखें खोलकर भी सो सकती है। यह आँख बन्द कर सोने से ज़्यादा आसान है। उसने नज़रें बाहर जमा दीं।

पेड़ की शाख पर कूदती गिलहरी के पंजों की बनावट देख उसका मन भीग आया। कितना कसकर तने को पकड़े है...एक बार भी नहीं गिरती। फ़ोन फिर बजा...इस बार माँ का। कल बमुश्किल दो-चार शब्दों की बात हुई थी। बोलना बाज़ दफ़ा कितना मुश्किल हो जाता है। पर उसे बोलना पड़ा क्योंकि

नहीं बोलती तो माँ यहाँ आ जाती। वह नहीं चाहती यहाँ कोई भी आए। किसी की भी मौजूदगी से उसका मन घबरा जाता है। किसी से बात करना बड़ा भारी मालूम होता है। इस सोफ़े से हिलना उसे नामुमकिन लगने लगा है। उसका सारा वक्त यहीं बीत रहा है। आस-पास डिब्बाबन्द खाने की पन्नियों का ढेर इकट्ठा है और पानी की खाली बोतलें बिखरी हैं। परसों मेड को फ़ोन कर उसने हफ़्ते-भर की छुट्टी दी है। ज़िन्दा इन्सान को देखना उससे बर्दाश्त नहीं हो पा रहा...। इससे खुद की मुर्दनी का एहसास और बढ़ जाता है। उसने अपने हाथों को देखा, मैल की परतें गोरे रंग के बीच से झाँक रही हैं। 'वह कई दिनों से नहाई नहीं...कितने दिनों से...शायद वही आखिरी दिन था। हाँ वही था...पहने हुए कपड़ों को देख उसने सोचा। बनफ़्शई लिबास उसी रोज़ पहना था। उसकी बाँहें मटमैली हो चली हैं। सिलवटों से भरी ड्रेस उसे चुभने लगी, क्या उसे कपड़े बदलने चाहिए? उसने भीतर झाँककर देखा, अन्दर इनर था। उसने लिबास झटके से उतारकर फेंक दिया। उसे राहत महसूस हुई। क्या उस रोज़ उसे पता था कि यह होने वाला है? शायद नहीं या हाँ...वह पहली बार उससे मिली थी उसी रोज़ से उसे मालूम था कि यह होने वाला है।

उसके दोस्त कहते हैं...'शी इज़ सो गुड ऐट आयडेंटिफ़ाइंग पीपल।'

'ओह येस शी इज़! एंड शी इज़ डम्ब इनफ़ टू फ़ॉल फ़ॉर सेम पीपल हूम हर हार्ट रेजेक्ट्स,' उसने खुद से कहा।

हार्ट...आह! ये दिल! दिल की धड़कन अचानक बढ़ गयी तो उसने सोफ़े को बाँहें फैला कसकर सीने से लगा लिया। सोफ़े ने उसका दिल थाम लिया। सोफ़े का सफ़ेद रंग उसके भीतर उतरने लगा...ठंडक पिघलते हुए उसके दिल पर गिरने लगी...बूँद-बूँद। ड्राई आइस...अपनी ठंडक से जला देने वाली बर्फ़।

उसे बहुत ज़ोर की चीं-चीं सुनाई दी। नीले काकातुआ का जोड़ा झगड़ रहा है। वह सोफ़े से उतरने की कोशिश में नीचे गिर गयी। खुद के इस तरह गिरने पर उसकी हँसी छूट गयी, वह अकेले ही हँसने लगी...हँसते-हँसते उसे रोना आने लगा। उसने घड़ी देखी...साढ़े सात हो रहे हैं। उसे लगा कि आज का दिन फिर इस तरह शुरू नहीं करना चाहिए। वह किसी तरह घिसटते हुए रिमोट तक पहुँची और टी.वी. चालू कर दिया।

फ़ुटबॉल मैच आ रहा है। वह खिलाड़ियों को पहचानने की कोशिश

करने लगी पर उसे ठीक से कुछ दिखाई नहीं दिया। फ़ुटबॉल की जगह एक सफ़ेद धब्बा उसे उछलता हुआ दिखाई दे रहा था। वह उसी धब्बे के पीछे भागने लगी, धब्बा एक झील में जा गिरा। उसने झील में जाने के लिए कदम बढ़ाया मगर तुरन्त पीछे ले लिया। उसने अपने बूट्स उतारे और झील में पैर डुबो दिए। ठंडा पानी पहली बार में नश्तर की तरह चुभा। उसके तलवे सिकुड़ने लगे लेकिन उसे खयाल आया कि वह आने वाला है। उसकी देह गर्माहट से भर गयी, उसने हाथ में पकड़े तोहफ़े नीचे घास पर रख दिए। उसका जन्मदिन है...वह आने वाला है। उसने कहा था वह आयेगा। उसने कहा था आज सारा दिन वह उसके साथ बिताएगा। वह जल्दी तो नहीं पहुँच गयी? उसने इधर-उधर देखा, यह जगह भी उसी ने चुनी है...। उसकी पसन्द कितनी अच्छी है। झील के चारों ओर हरे रंग की चादर बिछी है और झील का पानी हल्का नीला। उसने अपने कपड़े ज़रा ऊपर किये...जाने कब खिसककर पानी को छूने लगे थे। कपड़ों का गीला हिस्सा घुटनों पर ठहर गया। गोरे रंग पर बनफ़्शई झालर का कंट्रास्ट...एक पुरानी बात याद आयी जब उसके रंग पर इससे भी गहरा एक रंग ठहरा था...उसके होंठ ताम्बई जो थे। झील के पानी में गुलाल घुल गया। गुलाबी रंग से उसने अपनी अँगुलियाँ भिगोईं और घास पर कुछ बूँदें छितरा दीं। वहाँ गुलाबी फूल उग आये...फूलों को लड़ी में पिरो उसने माला बनाई...कुंडल बनाकर पहन लिये...वो वनकन्या दिखने लगी। उसे जंगल-जंगल फिरना होगा...तब क्या उसका महबूब आयेगा? उसने ज़ोर से आवाज़ लगाई...आ जाओ...।

आवाज़ चिड़िया बन गयी...उसने चिड़िया को अपनी पुकार थमा दी और उड़ा दिया। अब वह आता ही होगा। सूरज के बीचोंबीच एक धारी उग आयी और सूरज को निगलने लगी...पानी जमने लगा। उसके पैर बर्फ़ हो गये तो वह महबूब के गले कैसे लगेगी? उसने अपने पैर झील से निकाले और घास पर बिछा दिए। एक कनखजूरा जाने कहाँ से उसके पैरों पर आ लिपटा। उसे डर नहीं लगा...उसे कहानियाँ याद आयीं जब प्रेम की परीक्षा लेने कोई और रूप धर खुदा चला आया। वह गौर से उसे देखती रही...अनगिनत पैर...उसके इतने पैर होते तो वह बगैर थके मीलों भागते हुए अपने महबूब को यहाँ लिवा लाती। कनखजूरा उसके पैरों पर से होता हुआ कहीं खो गया।

वह अब फिर अकेली थी। धब्बा बड़ा हो रहा था और फ़ुटबॉल एक खिलाड़ी के पास थी। अब शायद गोल होगा। काकातुआ फिर चिचियाने लगे। उनका पानी खत्म हो गया था। उसने उनके लिए पानी भरा और उन्हें बाहर रख दिया। उन्हें बाहर रहना अच्छा लगता है...खुले आसमान के नीचे। तय समय पर बाहर न निकालो तो शोर मचा देते हैं। उन्हें सीधी धूप नहीं सुहाती इसलिए कभी उनके ऊपर छतरी तान देती है, कभी खुद कुर्सी पर बैठ उनकी छाँव बन जाती है।

वह भीतर जाने को पलटी तो उसके कानों में साँप रेंगने लगा...उसने लकड़ी के दरवाज़े पर अपने कान टिका दिए। आवाज़ें थीं...पुकारें थीं...भीड़ का शोर था...जयकारे थे...ज़रूर कोई शहंशाह युद्ध जीतकर आ रहा था। यह वही हो सकता है...बस वही। उसे झील के पार जाना होगा। झील को बर्फ़ हो जाना होगा...बर्फ़ जिस पर दौड़ते हुए वह उस पार जा सकेगी। उसने अपने दिल की आह झील पर रख दी और झील बर्फ़ हो गयी। वह भागती गयी...अब किसी भी पल वह दिखाई देगा...घने जंगल के अँधियारे चीरते हुए उसकी आँखें मशाल बन गयीं। वह हर साये को सहलाती गयी। जो साया उसे जकड़ लेगा वही उसका महबूब होगा। साये खत्म हो गये...दिल डूब रहा था। सामने पहाड़ था...पहाड़ के ऊपर...वहाँ कुछ है। उसने नंगे पैरों को देखा... वह उसे मिलेगा...वह फिर दौड़ चली। वह आया क्यों नहीं? उसे कुछ हुआ तो नहीं?? उसने कहा था...उसने जगह चुनी थी...उसने बनफ़्शई रंग कहा था...उसने कहा था वह उसे चाहता है। उसने वादा किया था वह उसके सामने फिर जन्म लेगा वह रुकी...उसने अपने पेट पर पत्थर बाँध लिये। अब वह उसे जन्म देगी...वह बढ़ चली।

वह पहाड़ की चोटी पर थी। वहाँ तेज़ हवा थी...वह दो इंच ऊपर उठ कर तैरने लगी। वहाँ कंकाल थे...उसने हाथ बढ़ाया...उन्होंने हाथ थाम लिया। क्या वे उसे पंख देंगे? उसे और आगे जाना है। वह बिना पंखों के आगे बढ़ चली है...पर वह तो नीचे जा रही है!! उसे किसी ने धकिया दिया है, किसने? गोल हो गया था, खिलाड़ी खुशी से चीख रहे थे। काकातुआ की चहचहाहट थम गयी थी। वो तंद्रा से जागी...एक बिल्ली पंजा भीतर घुसा उनकी गर्दन मरोड़ चुकी थी।

मन के भीतर एक समंदर रहता है

नौ, दस, ग्यारह...

रेत-स्नान करती हुई लिली पसीने से तर थी और मन-ही-मन गिनती कर शेष समय का अनुमान लगाने का प्रयत्न कर रही थी। उसने आँखें मींच रखी थीं और लम्बी बरौनियों की छतनार उसके गालों पर छाया किये थी। बन्द आँखों में सब छिप जाता है। बन्द आँखें दुनिया से कवच मुहैया कराती हैं। इस वक़्त वह रेत से बाहर निकल समंदर में कूद जाने की ख्वाहिश पलकों के पीछे छिपाये लेटी थी। आधा घंटा पूरा होने को था, रेत में दबे हुए उसका बदन अकड़ गया था और गर्मी असहनीय हो उठी थी।

उसने आँख खोलकर देखा, समुद्र-तट वैसे ही चहक रहा था। झुण्ड में लड़के-लड़कियाँ बीच-वॉलीबॉल खेल रहे थे। कसरती बदन बॉल को एक दफ़ा भी नीचे नहीं गिरने दे रहे थे। कॉलेज के दिनों में वह स्वयं भी वॉलीबॉल की चैम्पियन रही थी। भारत में बीता लिली का बचपन युवावस्था में यहाँ आकर उमग उठा था पर कुछ बातें जो पीछे छूट जाती हैं उनका दोहराव सम्भव नहीं होता...जैसे बढ़ रही उम्र और अगण्य उत्तरदायित्वों के बीच चाहकर भी यह चपलता नहीं आ सकती। इतने कम कपड़े पहने खेलने का अवसर लड़कपन में उसे कभी नहीं मिला, बिकिनी पहनी लड़कियों को देख शरारत से उसने सोचा, यहाँ बिकिनी में लड़कियाँ कितनी उन्मुक्त और सहज रहती हैं। अपनी देह को लेकर कोई असहजता किसी में नहीं दिखती। लम्बी टाँगों, उन्नत उरोजों के बीच ढीली-थुलथुली काया भी उसी सहजता से स्थान पाती है।

असुविधा तो यहाँ किसी को प्रेम के सार्वजनिक प्रदर्शन में भी नहीं होती।

साथियों संग धूप सेंकते, मसाज करते हाथ कब अपनी लय छोड़ इधर-उधर भटक उठते हैं यह उनको भी मालूम नहीं चलता। सार्वजनिक स्थलों पर भी अन्य लोगों की दृष्टि किसी की निजता को नहीं बेधती। प्रेम यहाँ निषिद्ध नहीं अपितु अनुष्ठान है जिसमें मनुष्य से लेकर प्रकृति तक समान रूप से भागीदार होते हैं। उसकी दृष्टि नारियल के वृक्षों पर गयी जो फलों से लदे हुए थे।

एक गर्भवती स्त्री जो अपने साथी के साथ टहल रही थी उसके पेट की धारियाँ स्पष्ट नज़र आ रही थीं। लिली मन ही मन अनुमान लगाने लगी कि कितने महीने का गर्भ होगा। दो छोटी लड़कियाँ भागती हुई आयीं और रुक कर उसका पेट छूने की इजाज़त माँगी। ये शुभकामनाएँ देने का तरीका था जो उसे बड़ा मज़ेदार लगता था। वह स्वयं जब गर्भवती थी तब लोग आकर उसका पेट सहला जाते। बुज़ुर्ग आशीर्वाद देते और बच्चे चूम लेते।

'गर्ल ऑर बॉय ?'

'बोथ, ट्विंस'

'लकी यू आर, ब्लेस यू।'

आशीष देकर आगे बढ़ जाते।

लिली ने गर्दन घुमाकर देखा। बीच-चेयर्स पर लोग पसरे पड़े थे। बड़ा-सा पारम्परिक हैट पहने विक्रेता नारियल-पानी की हाँक लगा रहे थे। समुद्रतट की कड़कड़ाती धूप का सामना ये मात्र इसी हैट के सहारे कर लेते हैं। उनकी देह धूप से झुलसकर चमड़े-सी काली और चमकीली हो गयी थी। उनसे मछलियों और खारे पानी की गंध आती है। यही लोग रात घिर आने पर दिनभर का उपार्जन मदिरापान में व्यय कर देते हैं। तट पर उपस्थित अधिकांश लोग बियर के घूँट भर रहे थे और तली हुई मछलियाँ खा रहे थे। वो खुद बेलिनी की दीवानी थी मगर उसका फ़्लूट खाली पड़ा था। उसने अनुमान लगाया अब तक आधा घंटा पूरा हो गया होगा और अपने सहायक की ओर देखा। उसने हाथ से पाँच मिनट का इशारा किया। ओह! ये अन्त के क्षण कितने बोझिल हो जाते हैं। कभी-कभी दीर्घकाल तक जो कठिन नहीं लगता, एक समय उसे निमिषभर भी सहना सम्भव नहीं होता। यह विचार आते ही उसका सारा ध्यान घुटनों के दर्द की तरफ़ चला गया। कितनी ही नियमित और स्वस्थ जीवनचर्या हो, कुछ व्याधियाँ बढ़ती वय की संगिनी होती हैं।

डॉक्टर ने बहुत समय पूर्व घुटनों के दर्द और रक्तसंचार के लिए सैंड-थेरेपी का सुझाव दिया था पर वह कभी परिवार तो कभी काम के बहाने यहाँ आना स्थगित करती रही। तत्पश्चात् दर्द अधिक हो जाने पर उसे टालना उचित नहीं लगा। आरम्भ में सारा परिवार आता। बच्चों को जहाँ छुट्टियों का रोमांच मिलता वहीं उसे और एल्विन को शहर के एकरस जीवन से भिन्न, शान्ति के क्षण मिलते। चूँकि सबकी अपनी व्यस्तताएँ थीं सो लम्बे समय तक यह व्यवस्था सफल नहीं हुई, अत: बाद में वह अकेले आने लगी। आरम्भ में समंदर का एकांत उसे उबाऊ लगता पर कालांतर में अकेले आना उसे रुचने लगा। एकाकी होने पर बेहतर तरीके से चीज़ों को जाँच-परख पाती, गहनता से उन्हें महसूस कर पाती। प्रतिदिन की भागम-भाग से अलग यहाँ की निष्क्रियता उसे मनोहारी लगती है।

होटल का प्राइवेट बीच होते हुए भी यहाँ वॉटर स्पोर्ट्स के कारण काफ़ी लोगों का जमावड़ा रहता है। रोमांच लोगों के जीवन को गति देता है। तैरना न जाननेवाले आशंकित रहते हुए भी जोखिम उठाने का मोह नहीं छोड़ पाते। वह चुप रहकर लोगों को देखती है, बेलिनी पीती है और स्मोक्ड सैल्मन खाती है।

अटेन्डेंट उसके ऊपर से रेत हटाने आया तो उसने सुकून की साँस ली। आधा घंटा भारी रेत के नीचे बेजान पड़े रहने के बाद जब उसकी देह ने हरकत की तो जैसे सघनता तरल हो बह चली। जो रेत काँटों-सी चुभ रही थी अब उसकी बीहड़ता समाप्त हो वह फिर निर्दोष दिखने लगी, उसने अंगड़ाई ली। मन प्रफुल्लित हो उठा था, उसे सब कुछ ताज़ा लगा। वह द्रुत गति से दूरी पार करती हुई समंदर में छलाँग लगाने को थी कि उसे कोलाहल सुनाई दिया। बनाना बोट पलटने पर जब उस पर सवार लोग समंदर में गिरते हैं तो शोर मचाकर अपना उल्लास ज़ाहिर करते हैं। प्रथमदृष्टया उसे यह उसी का शोर लगा पर लोगों का तेज़ी से भागना अनहोनी का संकेत दे रहा था। कहीं फिर से कोई दुर्घटना तो नहीं हो गयी। पिछली बार पैराग्लाइडिंग के दौरान एक आदमी बेल्ट खुलने पर सीधे पानी में गिर पड़ा था। इतनी ऊँचाई से गिरने पर सिर पर गहरी चोट आयी थी। बड़ी कठिनाई से डॉक्टर उसका जीवन बचा सके थे।

लिली ने देखा एक लड़के को कुछ लोग उठाये चले आ रहे हैं। जहाँ

लिली खड़ी थी उसी के निकट ला लिटा दिया। लिली ने देखा लगभग चौबीस-पच्चीस साल का नौजवान होगा। बाल आजकल के लड़कों की तरह नयी बनावट में कटे थे। गर्दन में महँगे हेडफ़ोन टँगे थे और शर्ट की जेब से रे-बैन झाँक रहा था।

नौजवान लड़का है। न जाने कैसे समंदर में बह गया,' एक बूढ़ा आदमी उसका माथा छूते हुए बोला।

'ड्रग्स लेकर अचेतावस्था में कहीं पड़ा होगा। लहरें अपने साथ बहा ले गयी होंगी,' दूसरा आदमी उपेक्षा से बोला।

'वह तो भला हो कि मछुआरों की नाव वहाँ से गुज़र रही थी, उन्होंने देख लिया,' आदमी ने उसके सीने पर हाथ रखते हुए पूछा, 'क्या इसे अस्पताल ले जाना होगा?'

लिली ने नीचे झुककर उसकी नब्ज़ देखी। साँस चल रही थी, कॉलेज में सीखा हुआ प्राथमिक उपचार देने का ढंग उसे याद था। उसने कहा, 'सब ठीक है, अभी होश में आ जायेगा।' कहकर वह ट्यूनिक उतार समंदर में कूद गयी। ठंडी लहरों ने जिस्म छुआ तो मिट्टी की परतों संग तन की शिथिलता भी खत्म हो गयी। समंदर के भीतर होने पर जैसे वह ध्यानावस्था में पहुँच जाती है। सिर पानी के अन्दर करती है तो सारी दुनिया से सम्बन्ध खत्म हो जाता है। अलौलिक शान्ति का अनुभव होता है उसे। बाहर की आवाज़ों के विरुद्ध भीतर की निःस्तब्धता उसे लुभाती है।

शाम उतरने लगी थी। सूरज पिघलकर समंदर में गिर मटमैला हो रहा था। उसने सूरज की परछाईं पर एक गोता लगाया और उसे अपने भीतर भर लिया। तैरने का यह समय उसे सदा से अच्छा लगता आया है। दिन-भर तप्त रहा समुद्र अब शान्त होने लगता है। पानी की ठंडक में हवा की ठंडक घुल जाती है जो देह को अनूठे रोमांच से भर देती है। उसने काफ़ी दूरी तय कर ली तो अचानक पानी में एक जोड़ा क्रीड़ा में रत नज़र आया। जिस तरह वे दोनों एक-दूसरे में गहनता से डूबे हुए थे उसे दो योगी साधना में लीन प्रतीत हुए। वह चुपचाप लौट चली। समंदर की चुम्बकीय शक्ति उसे जिस तरह खुद से चिपकाकर रखती है उसे बाहर नहीं निकलना चाहिए था पर अब वह थकने लगी थी। जहाज़ के मस्तूल दिखाई पड़ रहे थे। वह अनिश्चय में थी कि

जहाज़ निकट आ रहा है अथवा दूर जा रहा है। दूर एक लाइटहाउस की बत्ती टिमटिमाती नज़र आ रही थी। उसने तय किया कि कभी तैरते हुए वहाँ जायेगी।

वापस किनारे आ उसने ट्यूनिक पहना। तभी उसे वह लड़का नज़र आया जिसे बचाकर लाया गया था। उसे अब होश आ चुका था और वह अभी तक उसी स्थान पर बैठा था। लिली आगे बढ़ने को हुई पर उसकी नज़र दुर्ग पर पड़ी जो उसने रेत से बनाया था। एक-एक कार्विंग पर यूँ काम कर रहा था जैसे वह सदा के लिए रहने वाला है। पर जिस चीज़ ने सबसे अधिक उसका ध्यान आकर्षित किया वह था उस किले से झाँकता एक चेहरा। इतनी-सी देर में मिट्टी से इतना खूबसूरत बुत बना देना!! इसके हाथों में प्रतिभा है। वह खुद भी स्कल्पचर की वर्कशॉप चलाती है इसलिए समझ पाती है।

उसके कदम लड़के की ओर बढ़ चले।

'हाय, आई एम लिली। हाउ आर यू नाउ?'

लड़के ने तिरछी नज़रों से उसे देखा और रूखी आवाज़ में कहा, 'आई एम फ़ाइन।'

जिसका अर्थ लिली को लगा, 'यू मे गो।'

पर वह वहीं बैठ गयी।

'दिस इज़ ब्यूटीफ़ुल,' लिली ने सख्य-भाव से कहा।

'यस, आई नो। फिर भी शुक्रिया।'

'सैंड के अतिरिक्त कुछ और भी उपयोग में लेते हो?' लिली ने बात शुरू करने की गरज से पूछा।

'नहीं।' अशिष्टता से भरी एक आवाज़ आयी।

'जानते हो सैंड आर्ट का इतिहास कहाँ तक जाता है? अटकलें लगाई जाती हैं कि इजिप्ट के लोग सदियों पहले मिट्टी से पिरामिड के मिनिएचर बनाया करते थे।'

'पिरामिड में दफ़नाये गये लोगों की आत्मायें सीधे भगवान के पास जाती हैं।' एक खुरदुरी-सी दबी आवाज़ आयी जिसे लिली भी ठीक से नहीं सुन पायी। वह कुछ देर उसे काम करते देखती रही। लड़के की आँखों में एक विवश भाव था। लिली को याद आया कि वह मरते-मरते बचा है।

'तुम पानी में कैसे गिर गये थे? लोग कह रहे थे ड्रग्स लिये हुए थे?'

झिझकते हुए लिली ने आखिर पूछ ही लिया।

'नहीं, आत्महत्या की कोशिश थी,' वो निर्लिप्त लहज़े में बोला।

लिली चौंक गयी। उसकी बात से नहीं, उसके स्वर की निर्लिप्तता से। स्वयं के लिए, जीवन के लिए इतनी उदासीनता! कैसे सम्भव है। उसका मन तो छोटी-से-छोटी बात पर प्रतिक्रिया करता है। कुछ दिनों पहले किसी सम्बन्धी के कैंसरग्रस्त होने की जानकारी उसे मिली। कई दिनों तक वह इस सोच में घुलती रही कि उसके परिवार में ऐसा हुआ तो किस प्रकार शेष लोगों का जीवन कटेगा। घर के पर्दे बदलने से लेकर दफ़्तर की फ़ाइल निपटाने तक उसे हर बात में उल्लास अनुभव होता है। विरक्ति उसके संवेदनशील जीवन का अंग कभी नहीं बन पायी।

सहसा लिली ने लड़के का हाथ थाम लिया। लड़के ने चौंककर उसे देखा। इतनी देर में कितने ही लोग उसके पास से गुज़र गये। कुछ-एक ने रुककर हाल पूछा तो कुछ कुतूहल दिखा कर चले गये पर किसी ने उसे नहीं थामा।

उसने देखा इस स्त्री की आँखें तरल हैं। हाव-भाव बेहद विनम्र, सभ्य और शिष्ट। मध्य वयस् की यह स्त्री उसे सौंदर्य से युक्त लगी। ट्यूनिक से झाँकता गठीला बदन, नियमित वर्जिश की गवाही दे रहा था। उसने लिली का हाथ वहीं रहने दिया। उसे वह स्पर्श अच्छा लग रहा था, अनजाना पर एक स्पार्क से भरा। पानी की एक नन्ही बूँद नाखून पर ठहरी थी। उसने वहीं नज़रें जमा लीं। तेज़ हवा से उड़ते बालों को सँवारने को लिली ने हाथ हटाया तो उसका ध्यान भंग हुआ।

अटेन्डेंट सूचना देने आया कि स्पा तैयार है। वो उठने को हुई फिर न जाने क्या सोचकर मना कर दिया।

'मे आई गेट यू टू सम ड्रिंक्स?' अटेंडेंट ने पूछा।

'बेलिनी फ़ॉर मी, और तुम्हारे लिए?'

'स्ट्रॉबेरी शैम्पेन,' उसे गुलाबी नाखून पर अटकी सफ़ेद बूँद याद आयी।

'मुझे बेलिनी बहुत पसन्द है। सबसे पहले यह मैंने वेनिस में चखी थी।' वह लड़के की चुप को तोड़ना चाहती थी। 'जानते हो, इसके नामकरण की कहानी भी अनोखी है। पन्द्रहवीं शताब्दी में जिओवानी बेलिनी नाम के एक चित्रकार हुए थे। उन्होंने एक पेंटिंग बनाई जिसमें मौजूद संत के चोगे का रंग

इस पेय के रंग से मिलता-जुलता था। उन्नीसवीं शताब्दी में वेनिस के मशहूर बार के मालिक ने आड़ू और वाइन मिलाकर यह ड्रिंक बनाया। इस नये बने पेय को देखते ही जो पहला विचार उसके मस्तिष्क में कौंधा वह बेलिनी की पेंटिंग में उपस्थित संत के चोगे का था। अतः उसने इसका नाम बेलिनी रख दिया।' वो लिली की आवाज़ विस्मयाभिभूत होकर सुन रहा था। अभी थोड़ी देर पूर्व यह स्त्री उसमें खीज उत्पन्न कर रही थी। उसे वह खोज याद आयी जिसमें बीस सेकेंड का स्पर्श किसी व्यक्ति के लिए हमारी अनुभूति बदल देता है। वह अनुमान लगाने लगा कि लगभग कितने समय तक लिली ने उसका हाथ थामे रखा।'

'आओ उधर चलें।' समंदर से कुछ कदम दूर कबाना बेड्स थे। उसी ओर इंगित करते हुए लिली बोली, 'मुझे व्यक्ति के दिमाग की जटिलताएँ दिलचस्प लगती हैं। किन बातों का मेल किससे बिठा लेते हैं जबकि दूर-दूर तक उनका कोई तारतम्य नहीं।' ज़रा रुककर उसने समंदर को देखा। 'जैसे तुम्हें ही लो, तुम्हारे गले में महँगा हेड फ़ोन और चश्मा देख सबने सोचा कि तुम ड्रग्स लेते हो और उसी नशे में बह गये।'

'वह मैंने समझ-बूझकर किया था। मैं नहीं चाहता था कोई इसे आत्महत्या समझे' एक दृढ़ स्वर उभरा।

लिली हँस पड़ी।

'आत्महत्या से पहले इतना आयोजन और फिर भी तुम बच गये।'

'मैं दोबारा प्रयास करूँगा।' वो यकायक विरक्त होकर बोला।

लिली यह परिवर्तन भाँपकर बोली, 'सोचो यह कितनी मज़ेदार बात है कि तुम इस संसार को त्यागते वक्त विषाद से नहीं भर रहे। तुम्हारा चित्त इस बात से आशंकित है कि तुम जो कर रहे हो उसे कोई अनुचित न मान ले। स्वीकृति के प्रति इतना आग्रह क्यों? मृत्यु के निश्चय के पश्चात् पीछेवालों के लिए अनुराग क्यों?'

'वह इसलिए कि शायद यह वजह मेरे पीछे रह जानेवालों की पीड़ा कम कर दे। मेरे आत्मघात को वे कभी नहीं स्वीकार पायेंगे,' खिन्नचित्त हो उसने कहा था।

'उनके लिए इतना खेद है तो यह कदम उठाना ही नहीं चाहिए। यूँ भी

दुःख कभी कम नहीं होते। हम उन्हें नये-नये दुःखों से ढाँपते जाते हैं। किसी भी दिन ज़रा-सी हवा लगते ही पुराना दुःख सिर उठा लेता है। पर क्या सचमुच मृत्यु चाहने की वजह इतनी बड़ी है कि जीवन का अन्त कर देना पड़े?' लिली को उससे सहानुभूति थी।

'नहीं, कोई उपयुक्त वजह नहीं पर जीवित रहने का भी कोई विशेष औचित्य नहीं,' थके स्वर में वह कह रहा था।

'आज इस शाम, लहरों को देखते हुए, किसी अजनबी के साथ शराब पीते हुए तुम्हें जीवन निरर्थक लगता है?' लिली आवाज़ में चपलता घोलते हुए बोली। वह कुछ क्षण उसे देखता रहा। उसे समझ नहीं आया कि उसकी आँखें अधिक अथाह हैं अथवा उसका स्वर।

'तुम मुझसे बड़ी हो। इतने वर्षों से जिए जा रही हो...कभी ऊब से नहीं भरीं? क्या तुम हर रोज़ मन बहलाव के लिए कोई नयी वजह ढूँढ पाती हो?'

'हर रोज़ नया कारण नहीं मिलता। पुरानी वजह से ही प्रतिदिन कोई नया विचार उपजता है जो बूँद-बूँद रिसकर ज़िन्दगी को जीने लायक बनाता जाता है। जैसे आज तुम्हारा यहाँ होना। मैं लगभग हर महीने यहाँ आती हूँ, दो दिन ठहरकर चली जाती हूँ। कभी कोई वाकया याद रखने लायक नहीं हुआ पर आज एक संयोग घटित हुआ है। मैं एक ऐसे व्यक्ति के साथ बैठी हूँ जो शायद इस क्षण होता ही नहीं पर वह न सिर्फ़ मौजूद है बल्कि मेरे साथ है। क्या तुम इसे चमत्कार नहीं मानते?'

बैरा ड्रिंक्स फिर से भरने आया तो लिली चुप हो गयी। नीला समंदर सलेटी हो चला था। दिन भर की चहल-पहल के बाद जैसे समंदर भी थक चला था। एक छोटी नौका परचम लहराते हुए चली आ रही थी। चाँद का सिरा दिखना शुरू हो गया था और ज़रा देर में लहरें उत्ताप से भर उठने वाली थीं। लिली ने उसे देखा, वो उस दुर्ग को निहार रहा था जो उसने बनाया था।

'मैं तुम्हारे स्थान पर होती तो मृत्यु का निर्णय लेने के पश्चात् किसी का मोह नहीं करती। दूसरे शब्दों में कहूँ तो मृत्यु को तब ही चुनती जब जीवन को उसकी सम्पूर्णता में अनुभव कर चुकी होती।' उसकी लम्बी बरौनियाँ फिर उसके गालों पर छाया कर रही थीं पर इस बार उसकी आँखें मिची हुई नहीं थीं।

'मेरा नाम रिचर्ड है।'

लिली ने गौर किया कि खुद के नाम पर वह ज़रा लड़खड़ाया था।

'रिचर्ड,' जितना सकपकाया हुआ उसका लहज़ा था उतनी ही मज़बूती से लिली ने उसका नाम पुकारा। रिचर्ड घूँट भरता हुआ रुक गया। उसके साथ ही जैसे सारी सृष्टि थम गयी। पहले किसने उसका नाम ऐसे लिया था जैसे सारी प्रकृति ने उसे पुकारा हो? उसका कोई अस्तित्व है इसका बोध कराने वाला कोई अपरिचित होगा उसने कभी नहीं सोचा था।

लिली ने अपना गिलास पास की तिपाई पर टिकाया और आसमान की ओर चेहरा कर लेट गयी। उसके बाल रेत को छू रहे थे।

'तुमने कभी किसी से प्रेम नहीं किया?'

'किया तो है मगर मैं स्त्रियों को समझ नहीं पाता। वे क्या चाहती हैं और क्या नहीं, मेरी समझ से बाहर है।' इतनी देर में वह पहली बार हँसा था। टहलती हुई दो लड़कियों पर उसकी निगाह ठहर गयी थी। पूरे कपड़े पहने वे दोनों समंदर में कूदने को तैयार थीं।

लिली की नज़र उसकी नज़रों का पीछा करते हुए वहाँ तक पहुँची। वो पलटकर लेट गयी, 'स्त्रियाँ जंगली जानवर की तरह होती हैं। जैसे वे अपनी इंस्टिंक्ट से नियंत्रित होते हैं उसी तरह स्त्रियाँ भी। वन्य जीवों की खास आवश्यकताएँ होती हैं। पाबंदियों में वे सर्वाइव नहीं कर पाते। कर भी लेते हैं तो उनकी मौलिकता खत्म हो जाती है। स्त्रियों को भी पालतू बनाने का प्रयत्न नहीं करना चाहिए। उनका जंगलीपन समाप्त होते ही वे भिन्न हो जाती हैं। उनका मन मुर्दा हो जाता है।' रिचर्ड को लगा उसने लिली की आँखों में लाल रंग की लपट देखी है। लिली की प्रचंडता उस पर हावी होने लगी थी।

'हाँ, तुम ठीक कहती हो। मैंने अपने आस-पास कोई ज़िन्दा औरत नहीं देखी। मेरी माँ, बहन, दोस्त कोई भी नहीं। एक लड़की थी पर वह कुछ अरसे बाद बदल गयी। उसमें ऐसा परिवर्तन आया जिसे मैं उस वक्त चिन्हित नहीं कर सका था,' कहते हुए वह अधलेटा हो गया था।

लिली ने गहरी नज़रों से उसे देखा। पास ही होटल के अटेन्डेंट्स बत्तियाँ मद्धम कर रहे थे। हैलोजन लाइट्स बन्द हो चुकी थीं। लॉबी से लेकर समंदर तक गार्डन पाथ बना हुआ था। वहाँ भिन्न-भिन्न रंगों की गार्डन लाइट्स जल रही थीं। धुँधलाती शाम और गहराती रात में नारियल के बड़े-बड़े पेड़ों की

छाया सन्नाटे पर कोई अस्पष्ट लकीर खींच रही थी।

'मैं तुम्हें कैसी लगी?' एक फुसफुसाहट उभरी।

रिचर्ड को लगा एक हूक उसे पुकार रही है। एक बनैले जीव का आमंत्रण रात के बियाबान में उसे आवाज़ दे रहा है। उसे सिहरन महसूस हुई, एक चाह ने उसे जकड़ लिया। यह सायास है या अनायास? रिचर्ड ने लिली की आँखों में देखा। वहाँ कोई सुराग न था। लिली के होंठों पर अधखिली मुस्कराहट थी।

'तुममें जीवन बह रहा है। तुम्हें देख प्यार करने का मन करता है।' कहते हुए वह आगे सरक आया और उसकी बगल में लेट गया। कपड़ों से ढकी हुई धीमी गंध उसकी नाक से टकराई।

लिली हँस पड़ी।

'इतना आतुर क्यों हो रहे हो? अगर तुम्हें वास्तव में किसी में रूचि है तो उसे प्रकट करने में इतनी शीघ्रता मत करो। अपना प्रयोजन सिद्ध करने के लिए व्याध का रूप धारण करो और आखेट करो परन्तु इस आखेट में व्याध और अहेर दोनों कृतार्थ हों। एक भी पक्ष को पीड़ा न पहुँचे,' लिली ने अपने बाल समेट लिये थे।

'तुम क्या हर बार इतने ही अधीर हो जाते हो?' उसकी आँखों में शरारत नाच रही थी।

'तुम मुझसे सब कुछ क्यों जान लेना चाहती हो?' रिचर्ड के स्वर में रोष था।

'तुमने जीवन से क्या सीखा है?' लिली ने उसकी नाराज़गी को अनदेखा करते हुए पूछा।

'मैंने सीखा कि खुद को किसी के सामने प्रकट नहीं करना चाहिए। भावुक और आत्मीय क्षणों में जो बातें हम कह बैठते हैं उन्हीं बातों से हमारे राज़दार हमें चोट पहुँचाते हैं।' भीगे कपड़ों में लड़कियाँ उसी 'कासल' (दुर्ग) के पास बैठीं उसमें जोड़-तोड़ कर रही थीं। वो मुस्कुराने लगा, 'तुम्हें ज़िन्दगी ने क्या सिखाया?'

'मैंने सीखा कि खुद को किन्हीं-किन्हीं स्थानों पर प्रकट करने में समस्या नहीं है। वेंटिलेट करने का कोई रास्ता होना चाहिए पर हमें यह सीखना चाहिए कि खुद के अंश किसे सौंपें। हमें लोगों को सावधानी से चुनना चाहिए, मगर चुनना

अवश्य चाहिए। आओ समंदर में चलें,' यकायक लिली खड़ी होती हुई बोली।

'अभी!' उफनती लहरें देख रिचर्ड ने पूछा।

'मैंने यह भी सीखा कि हर बात पर प्रश्न करना उचित नहीं। कुछ क्षणों के साथ प्रवाहित हो जाना ही उचित होता है,' वह रिचर्ड का हाथ थामे समंदर की ओर चल पड़ी।

'रिचर्ड, तुमने समंदर ही क्यों चुना?'

'मुझे आसान लगा यहाँ।'

'जहाँ आसाइश (सुख) की तमन्ना होगी वहीं सब कुछ मुश्किल हो जायेगा। ज़िन्दगी चुनो या मौत, पक्का इन्तज़ाम करना।'

'तुमने ज़िन्दगी क्यों चुनी?' रिचर्ड जीवन के प्रति लालायित हो रहा था।

'क्योंकि मौत मुझे खुद चुनेगी एक रोज़। आओ।'

एक कदम पानी पर रख लिली पीछे मुड़ी। 'रिचर्ड तुम्हें तैरना नहीं आता। मेरे साथ क्यों चल रहे हो? चाहो तो मना कर सकते हो। मुझे अप्रसन्नता नहीं होगी,' लिली के स्वर में असमंजस था।

मैंने ज़िन्दगी चुनने का निर्णय किया है।' रिचर्ड विश्वास से भरकर बोला। लिली ने देखा उसकी आँखें चमक रही थीं। इस बार रिचर्ड ने उसका हाथ कसकर पकड़ लिया।

दोनों हाथ थामे एक-एक कदम पानी में उतरते गये। दूर तक कहीं कोई नहीं था। रिचर्ड ने पीछे मुड़कर देखा। दोनों लड़कियाँ जा चुकी थीं। 'कासल' पूरा हो चुका था मगर अब लहरें वहाँ तक पहुँचकर उसे खुरच रही थीं। जब तक वे वापस लौटेंगे लहरें उसे बहा चुकी होंगी।

उसने लिली को देखा। लिली ट्यूनिक पानी में बहा चुकी थी। रात का संगीत हर ओर बह रहा था। दूर कहीं कोई गिटार पर हिप्पी धुन बजा रहा था। उसे धुन के साथ अपने भीतर उल्लास सुगबुगाता हुआ महसूस हुआ जिसे उसने बरसों से महसूस नहीं किया था। उसे लगा वो धुँध के पार देख सकता है। उसने देखा लिली मुस्कुरा रही थी। एक मन दूसरे मन की व्याख्या स्पर्श से कर रहा था। उसका मन आह्लादित हो उठा।

लिली एक क्षण के लिए ठहरी।

'मेरा हाथ थामे रखना। हम लाइट हाउस तक जायेंगे।'

परवर्ट

उसने नीचे झाँककर देखा...कुछ बच्चे स्टेडियम में क्रिकेट खेल रहे थे। उसने ठंडी बियर का एक घूँट गले से नीचे उतारा। ठंड थी कि धूप में बैठा जा सके मगर इतनी भी नहीं कि ठंडी बियर न पी जा सके। हालाँकि वह हर मौसम में इसे पी सकता था।

शहर में रूफ़टॉप रेस्टोरेंट्स का चलन नया-नया शुरू हुआ था और खूब ज़ोरों पर था। किसी इमारत की छत पर उग आये ये रेस्टोरेंट्स गति, रोमांच और खूबसूरती सब समेटे हुए थे। विभिन्न प्रकार के पेय पदार्थ और नये किस्म का फ़ास्ट फ़ूड नुमा भोजन, तेज़ विदेशी संगीत, लहराते पर्दे वहाँ के माहौल को सौन्दर्यपूर्ण बना रहे थे। छत के नाम पर झोंपड़ी के ऊपर डाला जाने वाला छप्पर, गरीब लोग जिसे सिर ढकने के लिए प्रयोग में लाते हैं वो यहाँ कंटेम्पररी (Contemporary) के नाम पर फ़ैशन बना हुआ था। बहरहाल वह लाजवाब लग रहा था। वहाँ टँगे हुए फ़ानूस दिन में भी जल रहे थे और फ़ज़ा को रूमानीपन दे रहे थे।

देशी-विदेशी जोड़े एक-दूसरे से सटकर वहाँ बैठे थे। एक-दूसरे के कानों में कुछ फुसफुसाते हुए, एक-दूसरे के मोबाइल्स में झाँकते हुए। बालों को लहराती, घुटनों से ऊपर की पोशाकें पहने तन्वंगियाँ और महँगी कारों की चाभियाँ अँगुलियों में घुमाते नौजवान। कितने खुश थे वे सब...बात-बेबात खिलखिलाते हुए। क्या वे वाकई खुश थे या ऐसी जगहों पर खुश दिखना ज़रूरत हो जाती है। उसने चारों तरफ़ नज़रें घुमाईं। वही था जो अकेला था, शायद वह ग़लत जगह पर आ गया था। चलते-चलते उसका गला सूखने लगा था और अचानक ही उसे कुछ पीने की तलब हो आयी थी। सामने बड़ा-सा बोर्ड

दिखा और वह लिफ़्ट से होते हुए ऊपर आ गया। जगह उसे खूबसूरत लगी थी और उत्तेजक भी। उसे सामने टँगे आईने में अपना अक्स दिखा। आँखों के नीचे काले घेरे और लटकी हुई त्वचा के साथ अपना चेहरा उसे बेजान लगा। उसे लगा वो भालू जैसा दिख रहा है। उसने मुसकराने की कोशिश की पर अकेले आदमी का खुश दिखना कतई ज़रूरी नहीं। सोचकर वह फिर अपने खोल में घुस गया पर वह ग़मगीन नहीं था, वह तो था ही ऐसा। भीड़-भाड़ अच्छी लगती पर ऊब भी जल्द जकड़ लेती। यूँ वह ऊबा हुआ नहीं रहता था। वो अपनी ज़िन्दगी से लगभग खुश ही था। फिर भी ऊब का एक जंगल उसके चारों ओर उगा रहता था। उसके पास सब था और वो करीब-करीब संतुष्ट था पर यही संतुष्टि उसे एकरसता की ओर धकेलती थी। उसे किसी चीज़ की ज़रूरत महसूस नहीं होती थी। यही बात उसके आस-पास अनजान ज़रूरतों का अम्बार लगा देती। वो अपने-आप को पसन्द करता था मगर फिर भी उसे खुदपसन्द नहीं कहा जा सकता था। वो औरों को भी उतनी ही शिद्दत से चाहता था। वो अच्छा आदमी नहीं था मगर वो बुरा भी नहीं था।

हाँ लोगों ने उसे ज़रूर इन खाँचों में बिठाने की कोशिश की थी मगर वह किसी को कुछ नहीं कहता। वो अपने हिस्से यूँ ही लोगों के सुपुर्द करता चला जाता और लोग अक्सर उसे गलत समझ लेते पर अब उसने इन बातों का असर लेना छोड़ दिया था।

उसने दोबारा खिड़की से नीचे देखा। ईंट की दीवार को पेस्टल-ग्रीन में रंगकर एक छोटी-सी फ्रेमजड़ित खिड़की बनी हुई थी। आस-पास रंग-बिरंगे फूलों की लतरों ने खिड़की को घेर रखा था। उसी खिड़की के पार स्टेडियम नज़र आ रहा था। सब कुछ असल था मगर फिर भी आभासी प्रतीत हो रहा था। उसने तसल्ली के लिए एक-एक चीज़ को छूकर देखा। फूलों से गंध फूट रही थी, दीवार खुरदुरी थी जैसे ईंट की दीवारें होती हैं। और खिड़की असल में खिड़की ही थी कोई फ्रेम नहीं कि बाहर का सब नज़र आ रहा था। आठवीं मंज़िल से दृश्य सुन्दर दिखाई दे रहे थे। वह कुछ देर एकटक देखता रहा। जिस्म को गुनगुनाने वाली तपिश धीरे-धीरे अन्दर उतरने लगी थी। स्टेडियम में खेलने वाले बच्चे पसीने में तर हो गये थे और अपने-अपने स्वेटर उतार एक पत्थर पर रख चुके थे। वे अब भी खेल में मशगूल थे। उसे अपने भीतर

भी गर्मी उतरती लगी, उसने अपना ओवरकोट देखा। उसे उसकी याद आयी जिसने यह भेंट किया था। उसने कोट के फ़र में अपना मुँह छिपा लिया। एक अजीब-सी गंध उसके नथुनों में उतर गयी। उसे याद आया घर से निकलने से पहले उसने पेरिस में बना हुआ कोई महँगा इत्र छिड़का था, गंध से उसे उबकाई आने लगी। घबराकर उसने उसे उतार दिया। वह उसे बेहद प्यार करती थी, प्यार वह भी करता था पर हदों के भीतर ही। असंतुलित प्रेम संतुलन की खोज में तड़क गया। उसने कभी उसे लौटाने की कोशिश नहीं की और वह लौटना चाहकर भी नहीं लौट पायी होगी। धीरे-धीरे सब बिसरा गया। यूँ भी वह लम्बे वक्त तक एक चीज़ के पीछे कभी नहीं भागा। ट्रान्सफ़र वाली नौकरी में नये शहरों के साथ नये लोग भी बराबर मिलते रहे और सभी बेतहाशा प्यारे। उसने जीभर कर प्यार किया। अलग-अलग लोगों से अलग अन्दाज़ में, पर उसका मन नहीं भरा। वह आगे बढ़ता रहा और प्यार करता रहा।

ओवरकोट खोलते ही सर्द-लहर जिस्म से टकराई तो उसे अच्छा लगा। उसे लगा कि वह किसी पहाड़ पर आ बैठा है। उसे याद आयी बिल्लौरी आँखों वाली एक लड़की जिसे पहाड़ों का बहुत शौक था। वह हमेशा उसके साथ पहाड़ों पर जाने की बात किया करती थी और वो उसकी मासूम ख्वाहिश को बेवकूफ़ी मान हँसी में उड़ा देता था। ऐसा नहीं था कि पहाड़ उसे पसन्द नहीं थे। बस उस लड़की का साथ उसे इतना पसन्द नहीं था कि पहाड़ का सफ़र तय किया जा सके। उस बीस-साला लड़की में बहुत आवेग था। उसके लिए हर चीज़ नयी थी इसलिए सब कुछ आकर्षित करता था। उसे रोमांच पसन्द था जबकि वह यह उम्र पीछे छोड़ आया था। अपनी जवानी में उस तरह की बातें वह बहुत लड़कियों से सुन चुका था। चुलबुलापन उसे अच्छा लगता पर अब ठहराव उसे अधिक आकर्षित करता था। यूँ भी उसे नयापन भाता जैसे उसकी बिल्लौरी आँखें...हरे-नीले के बीच कोई रंग पानी में घुला हुआ। इन्हीं आँखों के लालच में उसने उस लड़की को रोक रखा था। पर सबकी तरह वह भी एक दिन चली गयी। किसी के जाने के लिए कोई कारण ज़रूरी नहीं होता जैसे इन सबका उसकी ज़िन्दगी में रुके रहने का कोई सबब न था।

पास वाली टेबल पर बैठे लोग उठ खड़े हुए थे। कितना वक्त हुआ होगा उसे यहाँ बैठे हुए? आदतन उसकी नज़र अपनी कलाई घड़ी पर गयी। अभी

तो मात्र एक ही घंटा बीता है। घड़ी को उसने करीब से देखा। उसके डायल पर सुनहरी अक्षरों में उसका नाम लिखा हुआ था। अक्षरों की बनावट भी बेहद सुन्दर थी। यह भी उसकी एक प्रेमिका ने दी थी। घड़ी जब नयी-नकोर थी तब दिन में कई दफ़ा अंकों से घिरा अपना नाम देखा करता मगर अब पिछले बहुत समय से वह ऐसा करना छोड़ चुका है। आज अरसे बाद उसने अपना नाम देखा। नाम इस तरह था कि अंग्रेज़ी के 'एस' अक्षर का घेरा उसे पूरी तरह घेर लेता था। उस लड़की का नाम भी तो 'एस' से ही शुरू होता था। वो हँस पड़ा, दो नामों को मिला देने भर से दो लोग नहीं जुड़ जाते। प्रेम में पड़े हुए लोगों की सनक अजीब होती है। प्रेमी को अपनी निशानियों से लाद देने की ख्वाहिश हमेशा बनी रहती है पर उसने कभी ऐसा नहीं किया। वह शायद कभी प्रेम में पड़ा ही नहीं या इतनी बार प्रेम में पड़ा कि लोगों को निशानियाँ दे पाना सम्भव नहीं था। पर वो लड़की उसे बेहद अज़ीज़ थी। खूबसूरती और ज़हनियत का ऐसा प्यारा मेल उसे फिर देखने न मिला। वो चाहता था कि वो हमेशा के लिए उसके पास रह जाये पर लड़की को उसका टूटा-फूटा वजूद मंजूर न था और खुद को किसी के लिए बदलना उसके बस में न था। वह भी चली गयी थी।

उसने कुछ स्नैक्स ऑर्डर किये थे, वे आ गये थे। बैरे ने सर्व करने के लिए पूछा तो उसने न में सिर हिला दिया। खाना परोसने का उसका अपना ढंग था। पत्नी की लगाई प्लेट तक उसे कभी पसन्द नहीं आयी पर हाँ, उस लड़की के साथ एक थाली में उसने कई बार खाया है। उसके नर्म हाथ खाने को और लज़ीज़ कर दिया करते थे। पनीर को काँटे में फँसा उसने मुँह में लिया। पनीर का टुकड़ा मुँह में रखते ही घुल गया। उसे याद आया कि वह हमेशा उसे खाली-पेट पीने को मना किया करती थी। इसलिए अब वह भूख न होने पर भी खाने का ऑर्डर ज़रूर दे दिया करता है। लड़की को कभी समझ न आता कि पेट खाली होते हुए भी उसे भूख क्यों नहीं लगती और खूब हँसा करती। वह खुद खाने की बहुत शौकीन थी और दिन में कई दफ़ा बगैर भूख के खाने की आदी। पर उसे तो अरसे से भूख नहीं लगी। बस वह वक्त पर खा लेता है...एक नियमित दिनचर्या से बँधा हुआ। खाने के स्वाद से भी उसे ज़्यादा फ़र्क नहीं पड़ता। शादी के तुरन्त बाद पत्नी ढेर-सारे लज़ीज़

व्यंजन बनाया करती पर उसकी ओर से कोई प्रोत्साहन न पाकर पत्नी का सारा उत्साह धीरे-धीरे चुक गया था। उन दोनों में झगड़ा नहीं होता था। वो अपनी बीवी पर हाथ भी नहीं उठाता था। उसकी देह का अन्वेषण भी लगभग हर रात ही करता था फिर भी एक अजब चुप्पी दोनों के दरमियाँ हमेशा रही। इस चुप्पी को तोड़ने की पहल किसी ने नहीं की।

वह किसी को दुःखी नहीं करता था पर फिर भी कोई उससे खुश न रहता। वह खुद को कभी नहीं समझ पाया। कोई अन्य उसे समझ पाए इतना मौका वह किसी को देता नहीं था। लोगों को लगता वह अस्थिर है या शायद मानसिक रूप से बीमार। पर वह अस्थिर होने से अधिक बहु-आयामी था। उसका प्रेम भी उसी की तरह बहु-आयामी था। पुराने बरगद की भाँति उसकी शाखाएँ अगणित तरीके से फैली हुई थीं और हर शाख से रिसती थी प्रेम की इच्छा लेकिन उन सबके सिरों के बीच खालीपन था। इस खालीपन से फिसलते हुए नितांत अकेलापन उसके जीवन में प्रवेश कर गया था। इस खालीपन को भरने की उसने हरसम्भव कोशिश की पर यह भरने में नहीं आया। या शायद यह उसके जीवन का अभेद्य रहस्य था जिसे वह खुद भी कभी नहीं भेद पाया। इसका होना उसकी आदत हो चुकी थी। उसके आस-पास बहुत लोग थे, उसके खुद के चुने हुए। पर उसे लगता वह कोई ज़ंग खाया हुआ पुराना ताला है जिसकी चाभी बरसों से इकट्ठे होते जा रहे चाभियों के ढेर में कहीं खो गयी है। इस तरह उसके जीवन में लोगों की संख्या बढ़ती जा रही थी पर जिसकी तलाश थी वह उनमें से कोई नहीं था। फिर भी वह पात्र चुनता, वह प्रेम करता, उसे सुख मिलता। कुछ समय बाद सुख वाष्पित हो उड़ जाता। वह फिर सुख की तलाश करता, सुख उसे प्रेम में ही आता था। वह फिर प्रेम करता पर वह अपने भीतर का हिस्सा किसी से नहीं बाँट पाया। असंख्य लोगों से मिलने के बाद भी उसे कोई नहीं मिला जिससे अपना मन बाँटा जा सके। दरअसल उसके पास दिखाने के लिए कोई स्वरूप था ही नहीं। वह प्रेत की भाँति अरूप था। काँटा खाली प्लेट से टकराया तो पता लगा कि स्नैक्स खत्म हो चुके थे।

बच्चे अपना-अपना सामान समेटने लगे थे। वे घर जा रहे थे, शायद उनको भूख लग आयी होगी। वे घर जायेंगे और उनकी माँएँ उनसे लाड़ जताते

हुए उन्हें खाना देंगी। वेटर खाने का ऑर्डर लेने आया था। उसने न चाहते हुए भी खाना ऑर्डर किया। बियर की जगह व्हिस्की ले चुकी थी। अब उस पर हल्का सुरूर तारी हो रहा था। उसने देखा बगलवाला जोड़ा चुम्बन में रत है। वह कुछ देर उनको अपलक देखता रहा। मन-ही-मन उनके चूमने की तकनीक का विश्लेषण करता रहा। सहसा लड़की ने असहज हो गर्दन तिरछी कर उसकी ओर देखा तो उसने अपना चेहरा दूसरी ओर घुमा लिया। बेहतरीन तरीके से चूमने वाली एक स्त्री उसके जीवन में आयी थी। असीम धैर्य और अनूठेपन से वह उसे चूमा करती थी। उसके चुम्बन बेहद उत्तेजक होते थे। उसके निचले होंठ को अपने दोनों होंठों के मध्य दबा ऐसा स्वर उत्पन्न करती कि वही नहीं कोई और भी सुनता तो उसका रोम-रोम पुलकित हुए बिना न रहता। इस साधारण-सी क्रिया को मुँह के सारे अवयवों का इस्तेमाल कर वह इतना मनोरंजक और रुचिकर बना देती थी कि उसका मन ही न होता वह स्त्री के होंठ छोड़ दे। इस विधा में वही उसकी शिक्षक थी। आगे जाकर कई स्त्रियाँ इस कारण उससे अभिभूत हुई थीं।

एक पैग खत्म हुआ तो उसने गिलास फिर से भर लिया। किनारों पर नक्काशी किया हुआ नाज़ुक काँच का गिलास। अगर वह इसे तोड़ दे तो पल-भर में उसकी खूबसरती चकनाचूर हो जायेगी, पर वह ऐसा नहीं करेगा। उसने गिलास को प्यार से सहलाया और फिर से पीने लगा। सुन्दरता उसे कभी नष्ट कर देने वाली वस्तु नहीं लगी, उसने सुन्दरता का पान किया। उससे अपना मन बहलाया पर कभी उसे रौंदकर मसला नहीं। उसके आस-पास औरतों का जमावड़ा हमेशा लगा रहा। उसकी कौन-सी बात पर वह रीझी रहतीं यह कहना मुश्किल है पर जिस तरह तितलियाँ परागकणों के लोभ में फूल पर मँडराती हैं उसी तरह स्त्रियाँ सदा उसके इर्द-गिर्द रहीं। लोग कहते कि वह इनको फुसलाता है पर फुसलाने का अर्थ वह कभी नहीं समझ पाया। किसी के साथ होना या न होना एक व्यक्तिगत निर्णय है। वह बहुतों के साथ होना चाहता है तो कहाँ गलत है। पर शायद स्त्रियों के नाज़ुक मन की थाह वह नहीं ले पाया जो अपने अलावा किसी और को उसके नज़दीक बर्दाश्त नहीं कर पाती थीं।

उसे अपने इस हुनर पर गर्व था। वह मन-ही-मन खुश होता कि वह जिसे चाहे उसे पा सकता है। अपनी ज़िन्दगी के इन तमाम सालों में उसने यही

किया। उसे कोई महँगा शौक नहीं था। कम-से-कम चीज़ों में गुज़र करना उसे बखूबी आता था। बस एक इसी इच्छा पर उसका बस नहीं था। उसे जो अच्छा लगता उसे अपना बना लेने की चाहत उसके मन में पनपने लगती। और किसी का अच्छा लगना लगभग अन्तहीन था। किसी में एक खूबी होती तो किसी में कोई दूसरा हुनर। यह सिर्फ़ शारीरिक आकर्षण तक सीमित नहीं था। स्त्रियों की बौद्धिकता उसे खास तौर पर आकर्षित करती। सजी-सँवरी स्त्री से ज़्यादा उसे स्थिर और तेज़ दिमाग आकृष्ट करता। कई बार इस सीमा तक कि उनकी शारीरिक बनावट गौण हो जाती। लेकिन कई दफ़ा उसके भीतर का आदिम पुरुष जाग उठता जो किसी स्त्री की सुन्दरता देख उन्माद से भर जाता। और वे स्त्रियाँ वाकई अद्वितीय सुन्दरियाँ होती थीं जो उसके भीतर के बुद्धिजीवी को सुप्तावस्था में पहुँचा दिया करतीं। उसने अपने आपको इस सीमा तक स्वीकार लिया था कि उसे इसमें कुछ भी गलत नहीं लगता। उसके पास बाँटने को बहुत प्रेम था जिसकी वृष्टि वो ढेर-सारे लोगों पर अलग-अलग वक्त में करना चाहता। उसे लोगों की मानसिकता कभी समझ नहीं आयी जो प्रेम के नाम पर बंधन चाहते थे। उसके मुताबिक प्रेम तो अनंत है...एक से करो या अधिक से, विकृतियों से दूर विशुद्ध प्रेम होना चाहिए। परन्तु लोग उसे एहसासों का मखौल उड़ाने वाला पथभ्रष्ट आदमी घोषित करने में ज़रा देर नहीं लगाते। जो औरतें प्रेम का दंभ भरतीं वे उसके इस शौक के बारे में मालूम होते ही उसे गालियाँ देने लगतीं। उसका प्रेम पल्लवित होने से पूर्व ही दम तोड़ देता। वह कतई नहीं समझ पाता कि लोगों को हू-ब-हू मंजूर कर लेने वाले उसके सरल मन को कभी भी कोई क्यों नहीं स्वीकार पाया। वह तो अपना सम्पूर्ण प्रेम को अर्पित कर देना चाहता है। उसके वजूद को तोड़ना-मरोड़ना चाहनेवाले लोगों के संग वह प्रेम की हिस्सेदारी करता रहा। शायद यही उसकी भूल थी।

बगलवाला जोड़ा उठ खड़ा हुआ था। लड़की के हाई-हील्स उसे आकर्षक लगे। उसे इस तरह देखता पा लड़की ने लड़के के कान में कुछ कहा। लड़के की मुद्रा आक्रामक हो गयी पर लड़की ने उसे शान्त किया। परवर्ट जैसे कुछ शब्द तैरते हुए उस तक आये और दोनों उस पर घृणा भरी नज़रें डाल चले गये। वह मुस्कुरा उठा।

कितनी आसानी से लोग किसी के प्रति धारणा बना लेते हैं। ये तो

अजनबी थे जिनसे उसका कोई सम्बन्ध नहीं। पीड़ा तो उसे तब होती है जब उससे सम्बन्ध में रहे लोग कीचड़ ले उसके घर तक जा पहुँचते। दो लोगों के सम्बन्ध में भला परिवार का क्या काम। अगर किसी को वह अपराधी जान पड़ता है तो सज़ा उसे ही तजवीज़ की जाये। किसी और को उसमें घसीटने का क्या औचित्य? पर नहीं...लोग लाँछन लगाते, गालियाँ देते और वह सोचता कि यह कैसा प्रेम है जो मात्र स्व तक सीमित है। यह मालूम होते ही कि उसके जीवन में अन्य लोग भी हैं जिन्हें वह प्रेम करता है वे सारे लोग उसके खिलाफ़ एकजुट हो जाते। बदले की भावना से ग्रस्त ऐसे लोगों को देख बड़े होते बच्चों की आँखों में उसने प्रश्नों के जंगल देखे थे। पत्नी न जाने कब से ऐसी बातों पर चुप लगाना सीख गयी थी। एक दफ़ा गालियों से भरी चिट्ठी घर पर उसका इन्तज़ार कर रही थी। गुमनाम चिठ्ठी हाथ में पकड़े उसका बेटा रुआँसा खड़ा था। उसे देखते ही गले लग गया और भर्राए गले से बोला, 'पापा।' वो थर्रा गया। उसने बेटे को खुद से चिपटा लिया था। वह काफ़ी रोज़ चिंतित रहा था। बच्चे की आँखों का अविश्वास उसे बहुत दिनों तक विचलित करता रहा था। उसने तय किया कि वह अब कभी प्रेम नहीं करेगा। यह याद कर पसीने से उसका माथा गीला हो आया। उसने जेब में हाथ डाला तो गुलाबी रंग का एक रुमाल उसके हाथ में आया। यह रुमाल उसी औरत का है जिसके कमरे से वह आज लौट रहा है।

नज़राना-ए-शिकस्त

वह मर गयी थी। उसने उसे छूकर देखा। जिस्म जलने से त्वचा सिकुड़ गयी थी। गोरे रंग का कोई अवशेष तक न था। वह सचमुच मर चुकी थी। उसे पुलिस थाने बुलाया गया था शिनाख्त के लिए। उसे यकीन नहीं हुआ कि उसकी बीवी मर चुकी है और वह भी एक्सिडेंट में। अभी सुबह ही तो उसने अपनी बीवी के हाथ के बने आलू के पराँठे खाये थे। उसकी बीवी खाना बेहद अच्छा पकाती थी। अब वो अपनी बीवी को रसोई से खाने की मेज़ तक डिशेज़ परोसते कभी न देख पायेगा। उसने फिर बीवी की ओर देखा। वहाँ उसकी बीवी नहीं थी, अब वह एक लाश थी। गंदुमी रंगत जल कर कोयले जैसी हो गयी थी। उसे पहचानना नामुमकिन था। मगर अँगुली में मंगनी के रोज़ जो अँगूठी पहनाई थी वह सलामत थी। उसने चादर हटाकर ज़रा और नीचे झाँका। बदन पर कपड़े नहीं थे। मेरी बीवी को कितने लोगों ने यूँ ही देखा होगा। इस खयाल ने उसे छुआ मगर सिर हिलाकर उसने उसे झटक दिया। उसके जिस्म में देख सकने जैसी कोई चीज़ बाकी ही कहाँ रही थी। ये सोचते ही वह पुरसुकून हो गया। मगर अगले ही लम्हे उसे असलियत ने आ दबोचा। वह इस हादसे तक आयी कैसे। वह तो अपनी बीवी की हिफ़ाज़त खूब अच्छे से करता था गोया वह कोई कीमती सामान हो। उसने मदद के लिए इधर-उधर देखा। शवगृह में मरे हुए लोग ही थे, वे क्या मदद करते। और जो हवलदार साथ आये थे वे बाहर खड़े बीड़ी फूँक रहे थे। उसने आवाज़ देनी चाही मगर आवाज़ निकली ही नहीं। आदमी उनसे पूछना चाहता था इस कदर जल गयी औरत के होंठ कैसे सलामत रह गये। लाश हुए जिस्म में वे मुस्कुराते हुए होंठ ज़िन्दगी की तरह चस्पाँ थे। ऐसे तो वह तब भी नहीं

मुस्कुराती थी जब ज़िन्दा थी। आदमी हैरान था, लाशों की बदबू से उसका सिर भन्ना रहा था। उसका सिर चकराने लगा मगर उससे उठा न गया। सिर को हाथ से थामे वह लाशों के बीच ही पसर गया।

उसके चेहरे के भाव देखकर औरत को बेतहाशा हँसी आयी। बेशक वह वक्त से पहले मर चुकी थी। उसे इस तरह मर जाने का अफ़सोस भी था। आखिर अभी ज़िन्दगी में बहुत कुछ किया जाना बाकी था। उसमें से पहला नम्बर मुहब्बत का था। इस अफ़सोस के बावजूद वह मरी हुई औरत अपने पति के तास्सुरात देखकर खुश थी। फिर उसे हमदर्दी हुई। चालीस साल का एक बच्चा जिसे वह बीस सालों से पाल रही थी, अचानक कितना निरीह हो उठा था। जिसे पसन्द का खाना न मिले तो बगैर खाये ही उठ जाये, हाथ लगाने को न मिले तो रूठ जाये। उसे पालते हुए कब उसकी माँ बन बैठी उसे खबर ही नहीं हुई। ऐसे बच्चे के मन का हाल उससे बेहतर समझ ही कौन सकता था। लेकिन फिर उसका मन विरक्त हो उठा।

मन से वह भले ही आलसी और ज़िद्दी बच्चा हो पर था तो भरा-पूरा जवान आदमी। निहायत ही खूबसूरत लम्बा और कद्दावर मर्द। वह इतना खूबसूरत था कि कभी वह खुद को असुरक्षित महसूस करती। उन दोनों की जोड़ी को लोग बेमिसाल कहते थे पर यह राज़ सिर्फ़ उसका था कि उसके बराबर खड़ा होने के लिए उसने मेकअप की बारीकियाँ किस कदर मेहनत कर सीखी थीं। यूँ वह यह न भी करती तो चलता मगर जाने क्यों आदमी हर वक्त यह जताता था कि उसने शादी के लिए हाँ करके उस पर एहसान किया वर्ना उसे अपना हमसफ़र बनाने के लिए एक से एक हसीं लड़कियाँ तैयार थीं। शायद उन्हीं अनदेखी हसीं लड़कियों से उसका मुकाबला रहता था। वरना वह भी आदमी से उन्नीस नहीं थी। किसी से पूछो तो बीस ही ठहरेगी मगर था कौन उसे बताने वाला।

उसने फिर अपने पति को देखा। वह एक ओर लुढ़का हुआ था। यह वही था जिसके साथ बीस बरस से वह रह रही थी। कानून और धर्म के तहत वे दोनों बीस साल से साथ थे। उनकी शादी ज़्यादातर शादियों जैसी ही थी, माँ-बाप की तय की हुई। वह भी आम लड़की थी जिसके लिए माँ-बाप की इच्छा सर्वोपरि थी। उसका पति भी पति नामक जीव से रत्ती भर अलग

न था। पत्नी से अपना हर काम करवाना, उसे सुधारने के लिए उस पर हाथ उठाना और उसके जिस्म का मनचाहा इस्तेमाल करना सब उसके हिसाब से पति के अधिकारों में आता था। हाँ अधिकारों के साथ अपने कर्तव्यों का भान भी उसे बखूबी था। साल की कुछ साड़ियाँ और एकाध ज़ेवर उसके लिए फ़िक्स था। गाहे-बगाहे पिक्चर दिखाने और पार्क में तफ़रीह कराने जैसे काम भी सम्पन्न हो जाया करते थे। और उसके बाद पाव-भाजी या मसाला-डोसा तो सोने पर सुहागा था। उसकी तमाम सहेलियाँ उसके पति की अच्छाइयों पर आहें भरती थीं। वे उसकी किस्मत से रश्क़ करती थीं कि उसे इतना प्यार करने वाला पति मिला था। उनके पति तो बस अपना हक छीन-झपट कर ले लेते थे जिनमें कमोबेश वही सब बातें शामिल थीं जिन्हें ये वाला पति मानता था। पर चूँकि बाकी पतियों में अच्छाई थोड़ी कम थी इसलिए मारने-पीटने और साथ सो लेने के बावजूद वे पत्नियों को कोई सुविधा देने में यकीन नहीं रखते थे। वे लोग अकेले ही घूमने जाते थे, बाहरी औरतों के नक़्शे अपनी आँखों से खींचते, शराब पीते हुए उन्हें अपनी कल्पना में नंगा देखते और घर आकर अपनी बीवियों में नुक्स निकालते कि किसी मर्द को वे खुश नहीं कर सकतीं और फिर वहशी तरीके से उन्हीं का जिस्म नोचते। अक्सर वे उनका नाम गैर मर्दों के साथ जोड़ते, यह जानते हुए भी कि उनकी बीवियाँ उनके सिवा किसी को देखती तक नहीं हैं। डर उनके मन पर इस तरह काबिज़ है कि वे किसी को देखने की हिम्मत कर ही नहीं सकतीं। थोड़ी-बहुत हिम्मत किसी में बची हो तो वह पति के घरवालों की निगहबानी में दम तोड़ देती। खैर यूँ भी घर के कामों से किसी को फ़ुरसत नहीं थी कि इश्क की घंटी गले में बाँधे। मगर फिर भी पतियों से लगभग हर रोज़ यही सुनना पड़ता। लगभग सारे आदमियों की छठी इंद्रिय ज़रूरत से ज़्यादा सक्रिय थी जो सच्चाई से ज़्यादा कल्पना बुनती। और उनकी पसन्दीदा कल्पना होती अपनी पत्नी को किसी और के साथ सम्बन्ध बनाते देखना। यह कल्पना ऐसा 'हाई' देती जिससे पत्नी को पीटने और उससे सम्बन्ध बनाने, दोनों का मज़ा चरम पर पहुँच जाता।

खैर, यह वाला पति ऐसा न था। वह इन सबको ज़ाहिल और गँवार समझता था और खुद को इन सब आदमियों से हर हाल में बेहतर। पर वह

भी अपने मन में औरत को अपना खिदमतगार और खुद को उसका खुदा ही मानता था मगर उसके काम करने के तरीके और थे। दफ़्तर जाते वक्त पत्नी को घर में किये जाने वाले काम की लिस्ट पकड़ाकर तरीके जाता था ताकि ऊब उसके ज़हन पर दस्तक न दे। आखिर वह एक नेकदिल इन्सान था। दफ़्तर से वापस आकर किये गये काम का मुआयना करने पर, कमी मिलने पर बच्चों के सामने कभी हाथ नहीं उठाता था। साथ ही वह तमीज़दार इन्सान भी था जो अपनी बीवी पर हाथ उठाते हुए ध्यान रखता था कि चोट ऐसी जगह न पड़े जहाँ निशान दिखाई दे जायें। वह इस बात का भी खयाल रखता था कि ऐसी जगह चोट न लग जाये जिससे रात में परेशानी हो।

आदमी के खयाल में उससे बेहतर पति हो ही नहीं सकता था। उसने अपनी बीवी को सबसे ज़्यादा आज़ादी दे रखी थी। उसका मानना था कि औरत की आज़ादी उसकी बपौती है जो वह अपने हिसाब से उसे किश्तों में दे देता था। मसलन और घरों में किराने के सामान की खरीदारी मर्द ही किया करते थे मगर उसे नज़दीक की दुकान तक जाने की इजाज़त थी। हालाँकि इस बात का इल्म सिर्फ़ बीवी को ही था कि ऐसा क्यों है। उसके पति को ऐसे उबाऊ कामों में कोई दिलचस्पी नहीं थी। घर के काम उसे बोरियत से भरे और अपने स्टेटस के अनुकूल नहीं लगते थे। और फिर जब एक स्वस्थ औरत घर में हो तो इन कामों को वह क्यों करे। बीवियाँ होती ही किसलिए हैं। फिर वो शक्की भी नहीं था बाकी मर्दों की तरह, जो पत्नियों के बाहर निकलते ही कोहराम मचा दें। हाँ, यह बात अलग थी कि सामने वाली दुकान से आगे जाने की और किसी भी गैर मर्द से बात करने की इजाज़त उसकी बीवी को नहीं थी। इस बात का खयाल वह खिड़की पर बैठकर बीस सालों से रखता आया है। इस बात का लिखित समझौता कहीं नहीं था, बस एक बात थी जो धीरे-धीरे बगैर ज़्यादा कुछ कहे कुबूल कर ली गयी। बहुत शुरू में सामान खरीदना बीवी के लिए खुली हवा में साँस लेने जैसा होता था। वह लोगों से बातें करती और खिलखिलाती हुई जाती थी। दो-चार बार शौहर ने नयेपन का लिहाज़ दिखाया पर जल्द ही उसे बड़े-बूढ़ों का सबक याद आ गया कि घोड़ी की लगाम वक्त रहते ही खींच देनी चाहिए वर्ना उसे बिगड़ते देर नहीं लगती।

सामान लेने जाते वक्त वो बाहर से ही कुण्डी अटकाकर जाया करती थी कि बेवजह शौहर के आराम में खलल न हो। मगर उस दिन वापस लौटने पर वह दरवाज़े पर ही मिला था। आँखें कुछ लाल थीं और सधी हुई आवाज़ में उसने समझा दिया था कि मोहल्ले के सारे आदमी आवारा और औरतें बदचलन हैं। इसलिए जितना हो सके इनसे दूरी इख्तियार कर ली जाये। बीवी ने हँसकर हामी भर ली थी। आदमी खुश था, उस पूरे दिन उसने उससे खूब लाड़ लड़ाया। अपने दफ़्तर की कुछ बातें बताईं। अपने लम्बे-चौड़े खानदान की कहानी कही और ढेर-सा प्यार किया। यह पहली बार था जब टीवी और अखबार छोड़ उसने इतनी बातें की थीं। बीवी को कोई गिला न था कि अब किसी से बात न होगी।

बीवी ने सिमटकर रहना सीख लिया था मगर उसके जान-पहचान वाले लोगों के होंठों पर उसे देख पहचान वाली मुस्कुराहट खिल जाती। वह भी कुछ कहती नहीं। बस मुस्कुरा देती। चूँकि सड़क ज़रा फ़ासले पर थी इसलिए आदमी को उसकी मुस्कुराहट की बाबत कुछ मालूम न चल पाया। मगर जब शादी के कुछ दिनों बाद दोस्त घर आये और दोस्तों ने ज़िक्र किया कि भाभी की मुस्कुराहट काफ़ी खूबसूरत है तब वह कसमसाकर रह गया था। बीवी ने गर्व से भरी नज़र पति पर डाली थी और उन्मुक्त हिरणी-सी डोलती हुई रसोई में चली गयी थी। उस दिन वो ज़िन्दगी से भरपूर थी। उसके कहकहे ड्रॉइंग रूम की शान बने हुए थे। रात को सबके जाने के बाद बीवी ने खिलखिलाते हुए पहल भी की थी मगर बदले में जब एक झापड़ रसीद हुआ तो कमरे का अँधेरा अचानक गहरा गया था। अपमान और क्रोध से उसका चेहरा तमतमा उठा। मगर पति की आग उगलती आँखों को देख सहम गयी थी, वह कुछ बोल न सकी। करवट बदलकर सिसकती रही, यह पहली बार था।

बीड़ी फूँक लेने पर हवलदार और उसका साथी अन्दर आया। आदमी को लेटा देखकर एक-दूसरे को कुछ इशारा कर बेहूदे ढंग से हँस पड़े। एक ने आदमी को कुछ हिलाया। वह आँ-आँ कर उठ बैठा, आँखें मलते हुए इधर-उधर देखा। उसे रो लेना चाहिए था पर उसका ग़म अब भी हैरत की पनाह में था। उसे अपनी बीवी की मौत का यक़ीन अब भी नहीं हुआ था। घर में रहते

हुए वो नहीं मरी थी, मतलब वो बाहर गयी थी, मगर क्यों? एक हवलदार ने उसे सहारा देकर उठाया और थानेदार के केबिन में पहुँचने को कहा।

औरत ने उसे देखा, फिर अपनी लाश को। सफ़ेद चादर से ढका कोयला बदन। सफ़ेद उसका पसन्दीदा रंग हुआ करता था पर पिछले बीस सालों में वो ये रंग एक ही बार पहन पायी थी। वे भी शुरुआती दिन थे नयी ज़िन्दगी के। आदमी की सालगिरह थी, उसने आदमी के दोस्तों को मय उनकी बीवियों के न्योता दिया था। एक अच्छी और हुनरमंद बीवी की तरह उसने ढेरों लज़ीज़ पकवान बनाये। इतने लोगों के सामने ज़ाहिर है अच्छा लगने की ख़्वाहिश होनी ही थी। और फिर वह अपने पति को चौंका भी तो देना चाहती थी। सफ़ेद औरत का पसन्दीदा रंग था, सब कहते थे इस रंग में वह गज़ब ढाती है पर शादी में ऐसा रंग कोई नहीं देता। सदर-बाज़ार तक जाने की इजाज़त उसे मिली नहीं थी। कहा गया था जो चाहिए साथ चलकर ले लेना पर उसका बेसब्र मन। वह बाज़ार चली ही गयी, उसे एकबारगी डर तो लगा पर ख्वाहिश के नीचे डर ने दम तोड़ दिया। सलमे जड़ी हुई सफ़ेद साड़ी लेकर ही घर लौटी। घर पहुँचते ही सिलाई मशीन ले बैठी और झटपट ब्लाउज़ सिल दिया। बिलकुल नये फ़ैशन का, बिना बाँहों वाला।

घर को ठीक कर, सारे बन्दोबस्त कर वह तैयार होने अन्दर गयी। जब बाहर आयी तो सबके मुँह एक बार खुले ही रह गये थे। कन्धों पर झूलते खुशबू भरे बाल, होंठ चटख रंग में रंगे हुए, हाथ संगमरमर से, साड़ी का उड़ता हुआ पल्लू थामे। और उसी वक्त किसी ने लॉन की लाइट्स जला दी थीं। वह पल क्या कभी भूला जा सकता है। पल भर को सन्नाटा और फिर जैसे भीड़ की रुकी हुई साँसें दुगुनी रफ़्तार से चल उठीं। आहें साफ़ सुनाई दीं। आदमियों ने कसीदे पर कसीदे पढ़ दिए। औरतें उसके पति से छेड़छाड़ करने में मसरूफ़ हो गयीं। ज़रा-सी फ़ुरसत होते ही आदमी हाथ खींचते हुए उसे अन्दर ले गया। औरतों का कहकहा उसने साफ़ सुना था। वह खुद भी तो शर्मा रही थी कि इतने लोगों के सामने इतनी क्या ज़रूरी बात थी। मगर बात थी और संगीन थी।

'यह साड़ी कब की है? तोहफ़े में तो नहीं मिली?' क्या उसकी आवाज़ सख्त है या उसकी आँखों में गुस्सा है? वह ग़ौर से उसे देखने लगी।

'देख क्या रही हो? जवाब दो' उसने लगभग चीखते हुए कहा।

'क्या तुम मुझसे बिना पूछे बाहर गयी थीं?' तड़ से एक थप्पड़ पड़ा था और इतनी देर से रोका हुआ आँसुओं का सैलाब बह चला था। 'सफ़ेद रंग मुझे सख्त नापसन्द है, सब कुछ आर-पार दिखता है और यह ब्लाउज़ कैसा वाहियात पहना है? तुम्हें अपनी नुमाइश लगाने का इतना शौक़ क्यों है? लोग तुम्हें कैसे देख रहे थे, शायद तुमने गौर नहीं किया।' कहते हुए उसने उसकी साड़ी खींच ली थी। करीने से पिनअप की हुई साड़ी कितनी जगह से फटती हुई उसका जिस्म छोड़ गयी थी, अब तो उसे याद भी नहीं। अलमारी से उसके लिए ढंग के कपड़े निकाल उन्हें पहन आने को कह वह बाहर चला गया था। वह दोबारा तैयार हुई, सूजी हुई आँखों को मस्कारे के कोट से छिपाया और मुस्कुराहट ओढ़कर जब बाहर आयी तो मायनीख़ेज़ नज़रों ने उसका स्वागत किया था। सारी औरतें उसे रश्क से देख रही थीं और उसका पति बीवी के पहलू में गिरफ़्तार मुहब्बत का मसीहा बना हुआ था। उसे पहली बार ज़लालत महसूस हुई थी। उसे पहली बार समझ आया था कि वो किस हाल में है। इसके बाद किसी पहली बार का हिसाब उसके पास नहीं है। सब कुछ दूसरी, तीसरी बार, हर बार, कितनी बार होता चला गया इस बात का हिसाब किसी के पास भी नहीं है। बस उसे याद है कि उसने सफ़ेद रंग फिर कभी नहीं पहना। उसने फिर कभी अपनी मर्ज़ी से कुछ नहीं खरीदा। उसने अपनी ज़िन्दगी को पति की मिल्कियत मान लिया। संघर्ष जीवन की नियति है, इन्सान की बेहतरी के लिए किया गया संघर्ष उसे ऊँचा उठाता है। पर यहाँ जद्दोजहद इन्सान बने रहने के लिए ही थी, यह भी उसने मान लिया।

आदमी अब थानेदार के केबिन में था। यहाँ की हवा में मुर्दनी घुली हुई थी। गंधाती हुई बदबूदार हवा या शायद आदमी को ही ऐसा लगा। एयर कंडीशनर चल रहा था। फिर भी आदमी पसीने में नहा गया। पलस्तर उखड़ी दीवारों पर शहर के, ज़िले के, देश के नक्शे फड़फड़ा रहे थे। जहाँ-जहाँ से रंग झाँक रहा था वह बेतरह बदरंग था। 'लोग ऐसे मुर्दा रंग क्यों चुनते हैं' उसने सोचा। फिर उसे वह कोठा याद आया जिसकी दीवारें गिफ़्ट रैपर की तरह चमकीली थीं और वहाँ की औरतें तोहफ़ों की तरह सजीली। थानेदार उसे शक्ल से मनहूस इन्सान लगा जिसका काम लोगों से मनहूस खबरें साझा

करना भर था। थानेदार उसे तफ़सील से समझा रहा था कि कैसे हाईवे पर उनकी गाड़ी पेट्रोल से भरे टैंकर से टकरा गयी। कैसे आग लगी और गाड़ी में बैठे हुए दोनों लोग वहीं आग की लपटों में हाईवे पर भस्म हो गये। आदमी की सूई लफ़्ज़ 'दोनों' पर अटक गयी। दूसरा कौन और वह उस दूसरे के साथ कर क्या रही थी। उसने थानेदार से ही पूछा कि दूसरा कौन था? थानेदार ने एक फ़ाइल निकालकर उसके सामने रख दी। अधेड़ उम्र का एक खूबसूरत आदमी तिरछी मुसकराहट के साथ फ़ाइल के पहले पन्ने से झाँक रहा था। किसी बड़ी कम्पनी का डायरेक्टर या किसी बैंक का मैनेजर। ऐसा ही तो कुछ कहा था इंस्पेक्टर ने, वह ठीक से सुन नहीं पाया। तो इसके साथ पायी गयी उसकी बीवी! कब से गुल खिला रही होगी, कब से चल रहा होगा उसके पीठ पीछे यह सब। कैसी बदचलन निकली। सामने इतना प्यार जताने वाली, पीछे से नाजायज़ रिश्ते बनाएगी किसे पता था। पता भी तब लगा जब मर गयी। जो पहले मालूम हो जाता तो मार-मार कर खाल उधेड़ देता। उसकी भी और उसके आशिक की भी। उसका हाथ अनचाहे ही उसकी बेल्ट की ओर गया। कहाँ जा रहे होंगे दोनों? हाईवे पर थे, क्या किसी रिज़ोर्ट में रंगरेलियाँ मनाने जा रहे थे? उसमें इतनी हिम्मत आयी कहाँ से? दुनियावाले ठीक ही कहते हैं औरतों के मन की थाह कोई नहीं ले सकता। मेरी हर बात मानने का नाटक करती रही मगर मन में कुछ और ही था। मेरी इज़्ज़त का फ़ालूदा कर दिया। अब तक तो सबको मालूम हो चुका होगा कि मेरी बीवी किसी ग़ैर मर्द के साथ बरामद हुई है। यह इंस्पेक्टर ही कैसे मुस्कुरा रहा है। समझ ही गया होगा कि इसकी बीवी बदचलन है। आदमी का खून खौल उठा। सोच-सोच कर उसका सिर फट रहा था। उसकी मुठ्ठियाँ तन गयीं। उसका बस चलता तो लाश को चीर-फाड़ देता। वह किसी तरह उठा और घिसटते हुए थाने से बाहर निकल आया।

बेइज़्ज़ती का घूँट एक बार फिर औरत के हलक को कड़वाहट से तर करता उतर गया। उसने तमाम उम्र बगैर किसी ना-नुकुर के आदमी की हर बात मानी। उसके हुक्म की तामील की। खुद की शख़्सियत भूल पति की मुहब्बत का इंतज़ार किया। लेकिन उसके मरने के बाद भी आदमी के मन में मालिकाना हक ही जागा, मुहब्बत नहीं। आदमी को अपनी बीवी के न रहने

का गम नहीं हुआ। उसे सिर्फ़ गुस्सा आया कि उसकी बीवी किसी और के साथ थी। उसकी परेशानी यह थी कि उसकी इज़्ज़त का क्या होगा। औरत का न होना उसकी चिंता का सबब न था।

आदमी के दफ़्तर जाने के बाद औरत दुकान से आगे वाले मोड़ तक गयी थी। उसने सुना था जो नयी रेलवे लाइन डल रही थी वहाँ से आज पहली बार रेल गुज़रने वाली है। अकेले रेल का सफ़र वह शायद कभी न कर पाये पर घर के इतना पास चलने वाली रेल देखने की लालसा दबा नहीं पायी। वह चली गयी और देखने लगी। उसने देखा बहुत से लोग उसमें बैठे थे, कुछ लड़कियाँ दरवाज़े के करीब खड़ी थीं, ठहाके लगाती हुईं। कुछ औरतें खिड़की के बाहर झाँक रही थीं। उनको कुछ और करीब से देखने की चाह में वह आगे और आगे बढ़ती गयी तभी उसे महसूस हुआ जैसे वह ज़मीन के भीतर समा रही है, बहुत गहरे। उसे किन्हीं दो हाथों ने थामा और वह डूबती चली गयी थी। उसने आँखें खोलीं तो गाड़ी की आरामदायक सीट में उसका जिस्म धँसा हुआ था। खुशबू में लिपटा कोई शख्स गाड़ी चला रहा था। उसे होश में देख आदमी की जैसे जान में जान आयी। 'आप ठीक तो हैं न? आप सड़क के बीचोबीच खड़ी होकर न जाने क्या कर रही थीं। आप गिरने को थीं। अगर ठीक वक्त पर मैंने गाड़ी न रोकी होती तो शायद मेरी गाड़ी के नीचे ही आ जातीं। आपको होश में लाने की कोशिश की पर कुछ होता न देख सोचा आपको हॉस्पिटल ही ले जाऊँ। हाईवे पर सीधे चलकर राईट में जाकर जो अस्पताल आता है आपको वहीं लिये चल रहा हूँ, वही सबसे नज़दीक है।'

इन बीते बरसों में वह लफ़्ज़ों की शक्ल में पत्थरों की मार की आदी हो चली थी। लफ़्ज़ों को सहलाकर बोलने वाले आदमी को गहरी दिलचस्पी से उसने देखा।

'मैं अब ठीक हूँ। शायद चक्कर आ गया था, अस्पताल जाने की ज़रूरत नहीं है। आप मुझे यहीं उतार दीजिये।'

'अस्पताल नज़दीक ही है, लिये चल रहा हूँ। आप आराम से बैठी रहिये।' उसने मुस्कुराकर कहा। उसकी मुस्कराहट से वो आश्वस्त हो सिर पीछे टेक बैठ गयी। तभी अचानक ज़ोर का धमाका हुआ और गाड़ी के चिथड़े उड़

गये थे। उन दोनों की रूह ने उनके जिस्म का साथ छोड़ दिया। औरत और खुशबूओं में लिपटे शख्स के जिस्म आग में जल रहे थे। उसने हैरानी से उस शख्स को देखा। वह मुस्कुराते हुए कहीं खो गया था और वह खुद वहीं खड़ी रह गयी। फिर वह यहाँ आ गयी थी अपनी लाश के साथ।

वह मुर्दा औरत एक आखिरी बार अपने पति को कह सकती कि असल बात क्या थी मगर उसका हाल देखकर उसके चेहरे पर एक अद्वितीय मुस्कान आयी। उसने कुछ भी न कहना तय किया और मुस्कान स्थिर हो गयी, कभी न मिटने के लिए।

बिट्टो

कभी-कभी ज़िन्दगी में घटने वाले हादसे ज़िन्दगी का विभाजन कर देते हैं। ज़िन्दगी दो हिस्सों में बँट जाती है। एक हादसे के पहले वाली... दूसरी हादसे के बाद वाली। हर बात ऐसे ही याद रह जाती है...उस घटना की लकीर से कटी हुई। जैसे नीलाभ हर बात यूँ ही याद करता है, बिट्टो के पहले और बिट्टो के बाद।

छोटा-सा कस्बा था। पेइंग गेस्ट जैसी सुविधाएँ तब यहाँ प्रचलित नहीं थीं। किरायेदार को खाना खिलाने की आफ़त मोल लेना मध्यमवर्गीय घरों में नयी बात थी जिसके लिए घर की स्त्रियाँ राज़ी नहीं होती थीं। नये आदमी का घर के भीतर प्रवेश सावधानी की दृष्टि से ठीक नहीं माना जाता था। जवान होती लड़कियाँ हर घर में थीं। एक अलग दरवाज़े से किरायेदार का आना-जाना तय रहता और उसमें भी वक़्त तय था। ज़्यादा देर होने पर किच-किच होने की पूरी सम्भावना रहती थी। गुजरात में दूरांत स्थित इस कस्बे में बगैर 'खाने-पीने' वाले किरायेदार को ही तरजीह दी जाती थी। मकान पक्के थे पर कस्बे के मुहाने पर कच्चे मकानों की लड़ियाँ खेतों के संग संग पिरोई हुई चलती थीं। बैंक की परीक्षा पास करने के बाद नीलाभ को ट्रेनिंग के लिए पहली पोस्टिंग यहीं मिली थी।

घर पर जब डाक से यहाँ पोस्टिंग की सूचना मिली तो कुछ दिनों की जद्दोजहद के बाद आखिर उसने यहाँ आने का निर्णय ले ही लिया। माँ साथ आना चाहती थी पर उसने मना कर दिया। बाबूजी अकेले कैसे रहते? माँ की चिंता थी, हमेशा घर में रहा बेटा कैसे बाहर अकेला रह पायेगा। बाहर का खाना खाते ही बीमार जो पड़ जाता था। फिर हमेशा की तरह बाबूजी ही

समस्या का समाधान ढूँढ़ लाये। बाबूजी के ऑफ़िस में रामधन जी हेडक्लर्क हैं, उन्हीं के रिश्ते की बहन रहती हैं वहाँ। बाबूजी ने जब उनसे ज़िक्र किया तो उन्होंने उसी वक्त बहन से बात कर किराये के कमरे की और खाने-पीने के टिफ़िन की बात भी कर डाली। खाने का नाम सुन उन्होंने थोड़ी ना-नुकुर ज़रूर की पर फिर मान गयीं। माँ ने गलीवाले हनुमान जी को प्रसाद चढ़ाया और बाबूजी मिट्ठन हलवाई की जलेबियाँ बँधवा लाये। माँ उदास होते हुए भी अब सहज थीं और बाबूजी उसका होल्डाल बँधवाते हुए संतुष्टि से मुस्कुरा रहे थे।

स्टेशन छोड़ने आये बाबूजी ने उसका गाल थपथपाते हुए कहा था, 'मन लगाकर काम करना, नयी नौकरी है आने की जल्दबाज़ी मत करना। हमारी चिंता में मत घुलना। थोड़ा-सा वक्त है, पलक झपकते ही बीत जायेगा।' उसने गर्दन हिला दी और नम आँखें छिपाने के लिए हाथ में पकड़ी किताब में चेहरा घुसा लिया। वो पहली बार घर से बाहर जा रहा था। माँ-बाबूजी बचपन से उसका सबसे बड़ा सम्बल रहे हैं। उसे कभी उनसे कोई शिकायत नहीं रही। जहाँ उसके बाकी दोस्तों की अपने माता-पिता से विचार न मिलने के कारण तनातनी रहती थी वहीं उसकी बातें माँ-बाबूजी से बेहतर तरीके से कोई समझता ही नहीं था। उसने जीवन के सबसे अच्छे पल अपने घर में उन्हीं के साथ बिताये थे। उसे अपने भीतर अकेलापन उगता महसूस हुआ। बैग की बाहरी जेब में खोंसी हुई बोतल निकालकर उसने पानी के दो घूँट भर जैसे गले तक आ पहुँचा अकेलापन भीतर ठेल दिया।

रातभर के सफ़र के बाद जब वह छोटे से स्टेशन पर उतरा तो बीते दिन का उदास कोहरा कुछ हद तक छँट गया था। वहाँ उतरनेवालों में वह अकेला यात्री था। स्टेशन के नाम पर टीन का शेड था जिसके नीचे स्टेशन बाबू की मेज़-कुर्सी थी। बगल में एक तिपाई पर कपड़े से लिपटा घड़ा था जो उस वक्त उघड़ा पड़ा था। रेल की पटरी के साथ चलते खेतों में खड़े बिजूकों पर एक कुत्ता मुस्तैदी से भौंक रहा था। पास ही एक गड्ढे में भरे पानी में कुछ गौरैया पंख फैलाये नहा रही थीं। उसने उधर ही कदम बढ़ा लिये, आहट से भी गौरैया उड़ी नहीं, वह मज़े से नहाती रहीं। थोड़ा आगे ताँगे में जुता घोड़ा उनींदे ताँगेवाले को लादे धीरे-धीरे इधर ही आ रहा था। वह उसी में सवार हो लिया, बाबूजी के हाथ का लिखा परचा निकाल पता ताँगेवाले को बताया। वो

उनींदा ही घोड़े को हाँके चलता गया। रेलवे स्टेशन गाँव की सीमा पर था। अन्दर की ओर चलते हुए नीलाभ ने देखा कि सारा खुलापन हवा हो गया। खेतों के बीच बनी दस-बीस झोंपड़ियों के बाद मंदिर, और मंदिर के अचानक बाद ढेर सारे पंक्तिबद्ध पक्के मकान। मगर उनमें अब भी खाना चूल्हों पर ही पकता होगा क्योंकि दीवारों पर असल रंग के ऊपर एक और रंग पैबस्त था जो सिर्फ़ धुएँ का हो सकता था।

कच्चे मकान, पक्के मकान पार कर एक और तरह के मकान थे जिन्हें छोटे-मोटे बँगले की उपाधि आसानी से दी जा सकती थी। बँगले यूँ कि एक तो वे थोड़े बड़े थे, उनमें छोटे-से बगीचे की गुंजाइश भी थी जहाँ किस्म-किस्म के पेड़-पौधे लगे हुए थे। उनकी बनावट भी भिंची हुई नहीं, खुली-खुली थी। गंदगी का नामोनिशान नहीं था और एक लिहाज़ से वे खूबसूरत थे। ऐसे ही एक बँगलेनुमा मकान के सामने जब ताँगा रुका तो अनचाहे ही खुशी वाली मुस्कराहट में उसके होंठ फैल गये। बाबूजी पर एक बार फिर प्रेम उमड़ आया।

ताँगेवाले को पैसे देकर जैसे ही उसने अन्दर पाँव रखा एक कोहराम उसके कानों से टकराया। एक लड़की बाल खोले बरामदे की सीढ़ियों पर सिर पटक-पटक कर रो रही थी। उसके इर्द-गिर्द कुछ बच्चे उसे साँत्वना देने की मुद्रा में खड़े थे। एक ने नीलाभ को देखा तो उसे वहाँ से उठाना चाहा मगर लड़की ने उसका हाथ झटक दिया और दुगुने वेग से रोना शुरू कर दिया। लड़की का रोना हृदय-विदारक होते हुए भी अत्यंत मधुर था। नीलाभ स्वर की कोमलता से प्रभावित हुए बगैर नहीं रह सका। वह वहाँ क्यों खड़ा है यह उसके चित्त से उतर गया। वह एकटक आवाज़ की दिशा में देखता रहा। आवाज़ का कोहरा नीलाभ के इर्द-गिर्द बिखर रहा था। लड़की के रोने की आवाज़ नीलाभ को अपने स्वागत में लगाई हुई बन्दनवार सरीखी लगी। अपनी दीदी की ओर इस तरह घूरता पा एक बच्चे ने गुस्से में आँखें दिखाईं। नीलाभ अचकचाकर दो कदम पीछे हटा और दरवाज़े के बाहर लगा घंटी का बटन दबा दिया।

घंटी बजते ही दो बातें एक साथ हुईं। उस लड़की ने सिर उठाकर यूँ आँखें तरेरीं गोया उसके रोने में नीलाभ ने खलल डाला हो। साथ ही सिर का आँचल सँभालती एक मध्यम वय की स्त्री आ खड़ी हुई। यही शायद रामधन

जी की बहन होंगी, नीलाभ ने अनुमान लगाया। वह क्षण-भर को ठिठकी खड़ी रहीं पर उसके साथ सामान देखते ही उनके मन में उसकी पहचान कौंध गयी। फिर तो मायके से आये किसी व्यक्ति के लिए कोई भी स्त्री जितनी गर्मजोशी दिखा सकती है उतनी ही आत्मीयता से उसे अन्दर लिवा ले गयीं। जितनी देर में वह चाय-बिस्कुट लायीं नीलाभ कमरे का मुआयना करता रहा। एक दीवार पर हाथ जोड़े लड़की की तस्वीर थी जिस पर 'शुभ दीपावली' लिखा था। दूसरी दीवार पर आले बने हुए थे जिनमें से कुछ पर सस्ते फूलदान रखे थे और कुछ पर ट्रॉफ़ियाँ विराजमान थीं।'

'ये सब हमारी बिट्टो ने जीती हैं। बड़ी होशियार है,' चाय की ट्रे लाती हुई वे बोलीं। फिर उसके शहर का हाल यूँ पूछने लगीं जैसे वह शहर न होकर उनका कोई सम्बन्धी हो। नीलाभ भी बिस्कुट टूंगते हुए प्रसन्न मन से उनके मोहल्ले की एक-एक गली से गुज़रते हुए सारा हाल देने लगा। तब तक बाहर बरामदे से रुदन का स्वर सप्तम सुर को छूने लगा था। नीलाभ ने असहज होकर कमरे की खिड़की से झाँका। उसकी असहजता को भाँप उन्होंने हँसते हुए कहा, 'हमारी बिट्टो ज़रा नरम मिज़ाज की है। सहेलियों से झगड़ा हो जाये तो तुरन्त मन पर ले लेती है।' उन्होंने दरवाज़े के पास जाकर आवाज़ लगाई, 'बिट्टो तनिक अन्दर तो आओ, देखो तुम्हारे मामा के यहाँ से आये हैं।' बिट्टो तो अन्दर नहीं आयी पर एक बच्चा भागता हुआ आया और हाँफते हुए सूचना दी, 'चाची, बिट्टो दीदी ने कुछ दिन पहले जो गुड़हल का पौधा लगाया था वह मर गया इसलिए बिट्टो दीदी का मन ज़रा खराब है।'

आखिरी बात उसने नीलाभ की ओर देखकर कही और न चाहते हुए भी नीलाभ मुस्कुरा उठा। बिट्टो की माँ यह देखकर झेंप गयी और शीघ्रता से बाहर जाकर बिट्टो को दबे स्वर में कुछ समझाया। इसके बाद सारी आवाज़ें बन्द हो गयीं और एक खामोशी पसर गयी। नीलाभ को प्रतीत हुआ जैसे उसके स्वागत में लगी रंगीन झालरें यकायक तेज़ हवा चलने से उतर गयीं। इस सन्नाटे को तोड़ने वाली बिट्टो की माँ की पदचाप थी। वह आहिस्ता से उनके पीछे हो लिया। बगल की गैलरी में सीढ़ियाँ थीं, ऊपर एक कमरा था जिसमें दायीं दीवार से सटा हुआ लकड़ी का एक छोटा पलंग और सामने की दीवार से लगी हुई एक मेज़-कुर्सी थी। एक अलमारी भी थी जिसके पल्ले

लटके हुए ज़रूर थे पर फिर भी पूरे कमरे में वह सबसे अधिक वैभवशाली नज़र आ रही थी। पल्लों पर चॉक से उकेरे गये कुछ अमूर्त चित्र थे जो रंगों के बगैर भी आलीशान नज़र आ रहे थे।

'ये हमारी बिट्टो की कारीगरी है। अभी साफ़ कर देती हूँ,' कहते हुए उन्होंने अपनी साड़ी का पल्लू उठा लिया।

'नहीं नहीं...रहने दीजिये। ये बेहद खूबसूरत हैं,' नीलाभ ने उन्हें तुरन्त रोक दिया। 'तुम हाथ-मुँह धो लो। हम खाना तैयार कर भिजवाते हैं।' बिट्टो की माँ हँसते हुए चली गयीं। नीलाभ कुर्सी पर बैठा तो उसे मकान का फाटक नज़र आया और छोटा-सा बगीचा भी, जहाँ मरा हुआ गुड़हल पड़ा था। गुड़हल बिलकुल बेजान और मुरझाया हुआ था। शायद उसका जीवन पहले ही खत्म हो चुका था पर किसी आस से बिट्टो ने उसे वहाँ से हटाया न होगा। कमरे के दूसरी ओर भी खिड़कियाँ थीं जहाँ से किसी स्कूल का बास्केटबॉल कोर्ट दिखाई पड़ रहा था।

कमरा उसे अच्छा लगा। कमरा ऐसा था जहाँ बगैर किसी व्यवधान के स्वयं के साथ रहा जा सकता है। यह सोचकर कि उसे पहली बार कमरा मिला है जो पूर्ण-रूपेण मात्र उसका है वह उल्लासित हो उठा। वहाँ अपने शहर में उसके पास पढ़ने के लिए कमरा था पर उसमें कितना सामान माँ ने अटा रखा था जिसे लेने गाहे-बगाहे वह चली आतीं। घर में मेहमान आते तो उसके कमरे में ठहरते और वह स्वयं माँ-बाबूजी के कमरे में नीचे गद्दा बिछा कर सोता। यह सब याद कर स्नेह-भरी मुस्कराहट उसके होंठों पर खिल आयी। तनख्वाह का पहला चेक देखकर बाबूजी को कैसा लगेगा यह सोचकर वह रोमांच से भर गया। रात को बिस्तर पर लेटा तो थकान तारी थी। सफ़र की थकान, नयी जगह का अजनबीपन, सामान जमाने की कवायद। खिड़की पर गिरती पेड़ों की परछाईं से आकृति बनाते वह जाग के उस पार पहुँचा ही था कि कुछ आवाज़ों ने उसे घेर लिया। उसने खिड़की से झाँका तो कोई कुदाल से मिट्टी खोद रहा था। धीरे-धीरे आवाज़ें धूमिल पड़ गयीं और वह नींद में डूब गया। अगली सुबह बगीचे में मिट्टी का ऊँचा ढूह बना हुआ था और उस पर एक नया-नकोर गुड़हल का पौधा रोपा हुआ था। बिट्टो स्कूल जाने को तैयार उसे प्रेम से सहला रही थी। कल की पीड़ा को कितनी सरलता से निष्कृति

दे उसने नये जीवन को मिट्टी में और अपने मन में रोप दिया था। बिट्टो की निष्कपटता पर उसका मन उष्णता से भर गया।

उसे देख बिट्टो भागती हुई भीतर गयी और टिफ़िन का डिब्बा लाकर उसे पकड़ा दिया। वह मुस्कुराया और बैंक की ओर चल पड़ा। बैंक घर से अधिक दूर नहीं था। उसने देखा उससे कुछ दूरी पर बिट्टो भी चल रही थी। सम्भवतः उसका स्कूल भी निकट होगा। थोड़ा आगे चलकर उसने देखा कि बैंक और स्कूल की इमारतें समीप ही थीं। स्कूल देखकर उसे अपना बचपन याद हो आया और याद हो आयी बाबूजी की। वे हर रोज़ उसे स्कूल छोड़ने जाते थे। उसका बैग भी सदा वही पकड़ते रहे...बड़े हो जाने के बाद भी। बाबूजी उसे बहुत चाहते हैं...सामान्यतः माँ-बाप जितना अपने बच्चों को चाहते हैं उससे बहुत अधिक। उसके सतत् निर्माण की प्रक्रिया में जितने भी सफल क्षण हैं उनका सम्पूर्ण श्रेय उन्हें जाता है। बिट्टो अपनी सलवार कीचड़ से बचाते आगे बढ़ गयी। वह कुछ क्षण वहीं खड़ा छोटे बच्चों को देखता रहा फिर वह भी आगे बढ़ चला।

बैंक के लोग मिलनसार और हँसमुख थे। कुल जमा चार लोगों का स्टाफ़, सभी अच्छे लगे उसे। 'ठीक ही बीत जायेगी यहाँ'...उसने सोचा। पाँच बजे बाहर निकला तो बिट्टो के स्कूल के बाहर भीड़ जमा थी। कोई मदारी करतब दिखा रहा था। बिट्टो भी उसे दीख पड़ी, बिट्टो की आँखें मदारी के करतब को फलाँगती सामने किसी की आँखों में उलझी थीं। उसने अनदेखा कर दिया और आगे बढ़ गया।

घर पहुँचा तो बिट्टो उससे पहले वहाँ मौजूद थी और घास पर लेटी शून्य में ताक रही थी। नीलाभ अपलक उसे देखता रहा, उसे महसूस हुआ जैसे निर्जन वन में कोई पक्षी अकेला कूक रहा हो। बचपन में कक्षा में साथ पढ़नेवाली जिस लड़की को वह चुपचाप देखा करता था...उसे लगा वक्त लाँघकर किसी चमत्कार से वह यहाँ आ गयी है। वो लड़की भी चुप-सी भावाकुल नेत्रों से कहीं ताका करती थी। नीलाभ ने अक्सर उसे यूँ देखते पाया था। दो लोगों का भिन्न समय-काल में क्या एक-सा हो पाना सम्भव है? वह अचरज में डूबा बिट्टो की पलकों का कम्पन देख रहा था। उसकी तन्द्रा टूटी चाची की आवाज़ से। बच्चों की देखा-देखी बिट्टो की माँ को वो भी चाची पुकारने लगा था।

'बिट्टो...ओ बिट्टो, यहाँ पड़ी-पड़ी क्या कर रही है। जा छत पर से कपड़े

ले आ।' नीलाभ मन ही मन मुस्कराया...लोग कितने ख्वाब अजाने तोड़ देते हैं। लेकिन क्या जानने पर वे ख्वाब साबुत रह पाएँगे? बिट्टो दुपट्टा सँभालती सीढ़ियों की ओर बढ़ चली और बिट्टो की माँ मुस्कुराती हुई नीलाभ से उसके दफ़्तर के पहले दिन की खोज-खबर लेने लगी। उनकी बातों से उसे याद आया बाबूजी को फ़ोन करना है। उसने चाची के फ़ोन से दो घंटी घर पर दे दी। पलटकर बाबूजी का फ़ोन आया तो वह सिलसिलेवार सारी बातें पूछते गये और वह सारा ब्यौरा देता गया कि जगह छोटी है मगर खुशनुमा है। लोग भी बहुत अच्छे हैं और वह बहुत आराम से है।

बाबूजी उसकी नौकरी से खुश हैं और सारे परिवार को गर्व से उसके बारे में बताते हैं कि पहली बार में ही उसकी बढ़िया नौकरी लग गयी है। उसके सीधे-सादे बाबूजी जिन्होंने मास्टर की छोटी-सी तनख्वाह में जीवन गुज़ार दिया उनके लिए उसकी यह नौकरी छोटी बात नहीं है। यूँ भी वह उनके जीवन का इकलौता स्वप्न है जिसे उन्होंने मन से सींचा है। अपने बाबूजी को खुश देखकर वह भी प्रसन्न है। वह सदा उनकी खुशी का बायस बनेगा...खुद से किया हुआ यह वायदा आज उसने अपने मन में फिर दोहराया। कमरे से बाहर निकलने लगा तो जाल के पार आसमान में ताकती दो आँखें जाने कहाँ गुम थीं। कुछ ख्वाब किसी के तोड़े नहीं टूट सकते। इस उम्र के ख्वाब शायद ऐसे ही होते हैं। वह क्षणभर को ठहरा, फिर आगे बढ़ गया।

अब वह अक्सर बिट्टो को कभी पढ़ते हुए, कभी खेलते हुए देखता। कमरे की खिड़की से जो बगीचा नज़र आता वही अक्सर बिट्टो का खेलघर बनता। बिट्टो के खेल भी निराले थे...कभी तिनके जुटा घोंसला बना पक्षियों का इन्तज़ार कि कोई पंछी उसे अपना बसेरा बनायेगा। कभी गिर गये फूलों को वापस शाख से जोड़ने का जतन कि उसका बगीचा गुलज़ार लगे। कभी भागती हुई किसी गिलहरी की पूँछ छू जाने पर बिट्टो की पुलक-भरी खुशी उसे पहली मंज़िल पर महसूस हो जाती थी। उसका पढ़ना भी वहीं होता। किसी पेड़ की शाख पर अपना छोटा-सा लैंप लटका वहीं पढ़ने बैठ जाती। इस पेड़ का चुनाव भी काफ़ी दिलचस्प होता। पहले वह समझ नहीं पाया था मगर रोज़ देखने के अभ्यास से वह समझ पाया कि जिस पेड़ की सुगंध उसे आकर्षित करती वह दिन उसी पेड़ के नाम होता। पढ़ते हुए कुछ दाने अपने

इर्द-गिर्द बिखरा देती और बिलकुल स्थिर होकर चोर निगाहों से आनेवाले पक्षियों को ताका करती। फिर औचक चौंकाकर उन्हें उड़ा देती। पक्षियों की चौंक भरी फड़फड़ाहट बिट्टो की किलकारी में कैसे तब्दील होती यह देखना नीलाभ को प्रिय हो गया था। वह बिट्टो की दिनचर्या से अनजाने ही जुड़ गया था। उसके अधिकतर कामों का समय बिट्टो से बँध गया था।

सर्दियों ने दस्तक दी थी। बिट्टो पढ़ते हुए ऊँघ रही थी। हाथ पर मूँगफली के दाने रखे थे कि भूले-भटके कोई गिलहरी हाथ पर चढ़ आये। नीलाभ बालकनी में बैठ अखबार पढ़ रहा था। तभी बाइक के तेज़ हॉर्न से उसकी तन्द्रा टूटी और बिट्टो उछलकर खड़ी हो गयी। एक लड़का हेलमेट पहने खास अन्दाज़ में हॉर्न देता निकल गया। मगर नीलाभ उन आँखों को पहचान गया, ये वही आँखें थीं जिन पर एक रोज़ मदारी के करतब के पार बिट्टो की आँखें जा टिकी थीं। यह बात उसके अवचेतन में इतनी स्पष्ट थी कि मात्र थोड़े-से दोहराव ने दृश्य को निर्बाध उसके समक्ष प्रकट कर दिया। उसने बिट्टो की भीनी मुस्कुराहट भी देखी तो वह बेचैन हो उठा। उस शाम बिट्टो खाने के लिए बुलाने आयी तो उसने चाची को कहलवा भेजा कि वह बाहर जा रहा है।

बिट्टो ने हँसते हुए पूछा, 'किसके साथ बाहर जायेंगे?'

उसकी हँसी ने उसे द्रवित किया या क्रोधित...उसे भी नहीं पता। वह बगैर कुछ कहे निकल गया। वह तय नहीं कर पाया कि किस ओर जाना है। वह अपने मन के अजाने ही स्टेशन वाली सड़क पर जा पहुँचा। फिर न जाने क्या सोच भीतर चला गया। आज स्टेशन बाबू अपनी जगह पर थे। सफ़ाचट बालों वाले तोंदियल आदमी...किसी बात पर ठहाके लगाते हुए। उनके आस-पास लोगों का जमावड़ा यूँ लगा था जैसे कोई ख्याति-प्राप्त व्यक्ति आ पहुँचा हो। उस दिन जो स्टेशन चुप पड़ा था आज चहक रहा था। आज चारों ओर चहल-पहल थी। किसी ट्रेन का समय हो चला था और उस छोटे-से स्टेशन पर भी अफ़रा-तफ़री मच गयी। आज सब कुछ व्यवस्थित था बस उसका मन बेतरतीबियों के बीच भटक रहा था। उसने सबकी नज़रें बचाकर घड़े का ढक्कन हटाया और बाहर निकल आया। उसका यह कृत्य अतार्किक था। समान दृश्य-पटल रच देने भर से अतीत का सृजन नहीं किया जा सकता।

गयी रात वापस लौटा तो थका होने के बावजूद नींद नहीं आ सकी। वह

देर तक बास्केटबॉल कोर्ट देखता रहा। एक दूधिया हैलोजन लाइट अँधेरे को चीर रही थी। बाकी सब कुछ स्थिर था। वह वीरान कोर्ट में बॉल थपकने की आवाज़ सुनने की असफल चेष्टा करता रहा। पीपल की पत्तियों की आड़ से कटे चाँद को देखता रहा। रात का अपना ही साम्राज्य होता है, दिन के वक्त जो दीखता है, रात में और अधिक साफ़ दिखाई पड़ता है यह उसने पहली बार ही महसूस किया। उसे प्रतीत हुआ रात की आँखें होती हैं जो हम पर निगरानी रखे रहती हैं...हमारी सोच को पढ़ सकती हैं। यह सोचकर उसके बदन में सिहरन भर गयी और उसने अपने मन को कुछ भी न सोचने की सख्त ताकीद कर दी। वह नहीं चाहता था कि उसके मन की इबारतें दिन के उजाले में सबको दीख पड़ जायें। रात अपनी खामोशी से गुलज़ार थी। दिन का शोर न जाने कहाँ सो रहा था। बास्केटबॉल कोर्ट में कुछ पेड़ों की परछाइयाँ दिखीं तो उसे लगा उसका मन वहाँ कुलाँचे भर रहा है।

अगले कुछ दिनों में उसने बार-बार उस लड़के को देखा था। कभी घर के चक्कर लगाते हुए, कभी स्कूल से लौटती बिट्टो के पीछे आते। सम्भवत: आरम्भ में जिज्ञासावश यह सब बिट्टो को अच्छा लगा था। लड़के को देखते ही उसकी सहेलियाँ उसे इशारा करतीं और हँस पड़तीं। उसके घर लौटते ही ब्लैंक कॉल्स का सिलसिला शुरू हो जाता। घर में सब हैरान-परेशान थे। जिस दिन सब इधर-उधर होते बिट्टो देर तक फ़ोन पर टँगी रहती। बिट्टो की हँसी में रहस्य का भाव आ गया था। उसकी आँखें अक्सर सड़क पर टिकी होतीं। चाची किसी काम के लिए कहतीं तो दस बार में सुनती। इन दिनों उसकी डाँट खाने की आवृत्ति भी निरन्तर बढ़ती जा रही थी। पर फिर भी बिट्टो प्रसन्न थी। उसकी चहक दोगुनी हो गयी थी।

पर थोड़े ही दिनों बाद नीलाभ ने एक परिवर्तन लक्षित किया। बाइक की संख्या एक से दो और दो से कई में परिवर्तित हो गयी। कभी वे लोग झुण्ड में आते कभी एक-एक कर। अजीब इशारे करते...चिल्लाते हुए निकल जाते। उनके आते ही मुहल्ले वाले अपनी छतों से, खिड़कियों से झाँकने लगते। उनकी वक्र दृष्टि किसी से छिपी नहीं रह गयी थी। बिट्टो परेशान होने लगी थी। उसकी मुस्कुराहट धूमिल पड़ने लगी थी। वह निरन्तर किसी तनाव में रहती। एक रोज़ नीलाभ ने बालकनी से लगी छत पर बिट्टो को अपनी सहेली

से कहते सुना, ‘वह लड़का मुझे अच्छा लगता था इसलिए मैंने उससे फ़ोन पर बात की मगर उसने अपने दोस्तों को न जाने क्या कहा कि सब मुझे देख भद्दे इशारे करते हैं। इन दिनों कई अनजान लोग फ़ोन करने लगे हैं। शायद उसने मेरा नम्बर सबको दे दिया। मुझे घर से बाहर निकलते भी डर लगता है। यूँ लगता है सब मुझे घूर रहे हैं।’ यह सब बताते हुए वह रुआँसी थी।

बिट्टो की सहेली कहते हुए हिचकिचा रही थी। वह धीमी आवाज़ में बोली, ‘मेरे भाई ने बताया कि वे सब तेरे बारे में बहुत खराब बातें करते हैं। तूने सिर्फ़ फ़ोन पर बात की और वह न जाने क्या-क्या कहता है। तू उस लड़के से कभी बात मत करना।’ झिझकते हुए उसने जोड़ा, ‘भैया ने यहाँ आने को मना किया है, तू किसी को बताना मत कि मैं यहाँ आयी थी।’

बिट्टो क्षणभर को हतप्रभ रह गयी फिर उसकी आँखों में गाढ़े रंग की लकीर खिंच गयी। उसने ठहरी हुई आवाज़ में कहा, ‘मुहब्बत बेजा बात है।’

इसके कुछ ही दिनों बाद घर के भीतर कोई फूल और खत फ़ेंक गया। वह सामान हाथ लगा चाची के। उस दिन घर में खूब कोहराम मचा था। शायद बिट्टो को चाचा-चाची से मार भी खानी पड़ी थी। बिट्टो की दबी सिसकियाँ उसने सुनी थीं। सुना तो उसने और भी बहुत कुछ था। गाहे-बगाहे हल्की-सी जान पहचानवाले लोग भी उसे टोकने लगे थे।

‘कोने के शर्मा जी के मकान में किरायेदार हो न? आजकल की लड़कियाँ स्कूल पढ़ने तो जाती नहीं हैं। सुना है कि उनकी लड़की का स्कूल ही में किसी से...’ फिर खीसें निपोर देते। नीलाभ का मन चाहता कि कहनेवाले को वहीं गाड़ दे पर उसके सहमे-चुप्पे मध्यवर्गीय संस्कार आड़े आ जाते और वह सिर झुकाए निकल जाता। घर पर मातमी माहौल छाया रहता। चाची रोतीं कि ऐसी लड़की देने से अच्छा भगवान उन्हें निपूता रखता। उन लोगों के सामने पड़ने से वह बचने लगा था। उसे न जाने क्यों लगता कि कहीं कोई उसे न गुनहगार ठहरा दे। खाना भी वह अपने कमरे में खाता।

बिट्टो भी तो घर के अन्दर रहने लगी थी। बाहर की दुनिया से उसका सम्बन्ध लगभग खत्म हो चला था। नीलाभ को लगा वो ठूँठ हो गयी है। उसकी आँखों का रंग उन धुएँ सनी दीवारों-सा हो गया था जो उसने पहली बार इसी क़स्बे में देखा था। कितने ही दिनों तक वो स्कूल नहीं गयी थी। उसे

मालूम था सब उसकी बातें करते हैं। एक रोज़ स्कूल के अध्यापक उनके घर आये। परिवार के साथ देर तक गुफ़्तगू होती रही। अगले रोज़ कई दिनों बाद स्कूल यूनिफ़ॉर्म पहने वह उसकी बगल से निकली तो उसकी नज़रें नीचे थीं। उसने न पत्तों को सहलाया, न कोई गीत गुनगुनाया। बिट्टो ने कहीं पढ़ा था कि बात करने से पेड़-पौधे जल्दी बढ़ते हैं पर अब उसे उनके जल्दी बढ़ने की चिंता भी न थी। दो सफ़ेद कबूतर बगैर दाने के उसके करीब आ गये। उनको देखकर भी वह जड़ रही। सड़क पर कई फ़ीट के फ़ासले पर जैसे बिट्टो नहीं उसकी परछाईं तैर रही थी।

नीलाभ को पहले वाली बिट्टो याद आयी। जलप्रपात की भाँति निर्बाध बहती बिट्टो। जड़ बिट्टो को देखना उसके भीतर का जीवन सोख ले रहा था। बिट्टो के मन की विचलन उस तक भी तो पहुँची थी। वही कहाँ पहले की तरह रह गया था। नीलाभ को उस घर की चुप्पी अखरती। उसे बिट्टो का खिलंदड़पन याद आता। वह अक्सर सोचता, 'कैसे छोटी-सी बात जीवन का बहाव पलट देती है।' अब बिट्टो वहाँ नहीं थी, उसे वहाँ एक सहमी-खामोश औरत दिखती थी। नीलाभ की ट्रेनिंग खत्म होने को थी। उसे वापस अपने शहर लौटना था। माँ-बाबूजी उसकी प्रतीक्षा में थे। लौटने से पूर्व वह उसे फिर पहले की भाँति देखना चाहता था पर उससे कुछ भी कह पाना कहाँ सम्भव था।

उसे याद आया बचपन में उसके रूठ जाने पर बाबूजी उसे मनाने के लिए छोटे-छोटे खत लिखा करते थे। उसने नोटपैड उठाया। तभी एक चिड़िया उसके सिर पर से गुज़री तो वह चौंक गया। उसकी चोंच धूप जैसी पीली थी और पैरों में एक मनका बँधा था। यह वही चिड़िया थी जिसे कुछ रोज़ पहले एक कौवे के मुँह में दबा देख बिट्टो छटपटाई थी और उसे बचाने के लिए दूर तक भागती चली गयी थी। बगीचे की ओर खुलते मेहमानोंवाले कमरे के रोशनदान में चिड़िया का घोंसला था। मगर उसने बच्चे को उसमें नहीं रखा था। उसकी माँ कहती है कि पक्षी मानव-गंध पहचानते हैं। उनका छुआ हुआ अंडा या बच्चा अपने घोंसले में वे नहीं रखते। उसे बिट्टो ने बड़े जतन से पाला। छोटा सद्य:जात बच्चा बिट्टो के अथक प्रयासों से जी गया था। उसने खत में लिखी उसी चिड़िया की बात। वह उड़ना सीख रही थी...छोटी-छोटी उड़ान...एक डाली से दूसरी डाली तक की उड़ान।

बिट्टो के लैंप पर किसी ततैये ने अपना ढूह बना लिया था। वह कितने दिनों से यूँ ही पड़ा था। किसी ने उसे न जलाया, न उसकी जगह बदली लेकिन वह जानता था बिट्टो ये ढूह देखकर भी उतनी ही चकित हो जायेगी जितनी वह तितलियों को देखकर होती है। उसने यह बात भी एक खत में लिखकर रख दी थी।

दुनिया के नक्शे पर नयी-नयी जगह ढूँढ उनकी बाबत सोचना और वहाँ की गलियों और लोगों की कल्पनाएँ बुनना उसे बेहद पसन्द था। नीलाभ ने बिट्टो को लिखा था कि तुम भी कभी ये कर देखना। कल्पनाएँ जीवन को और भी प्रीतिकर बना देती हैं।

बिट्टो की एक पेंसिल कभी उसने बगीचे से उठाई थी। उसने लिखा कि कैसे बेजान चीज़ें भी ज़िन्दा लोगों को कैद कर लेती हैं। कैसे उन्हें छूकर हम किसी की अँगुलियों का स्पर्श महसूस कर सकते हैं। उसने लिखा कि वह समझता है, कभी-कभी सबके बीच रहकर भी सबसे छिप जाने को मन होता है। आँखों को धूप से बचाते चश्मे सुकूनदेह भले ही लगते हों मगर वह सब अस्थायी है। स्थायित्व खुले आसमान और धूप में ही होता है।

वह हफ़्तों तक ये खत सँभाले रहा। कई दफ़ा सोचता बिट्टो को ये खत पकड़ा दे परन्तु वह पुराने हादसे से ही अब तक उबर नहीं पायी थी। उसके लिए किसी नयी तकलीफ़ का सबब वह नहीं बनना चाहता था। आखिरी दिन जाने से पहले उसने बिट्टो को लिखे सारे खतों का एक पुलिंदा बनाया। छत के एक कोने में मधुमालती की लताएँ झूलती थीं। बिट्टो जब कहीं नहीं होती थी, वहाँ होती थी। वे खत नीलाभ ने वहीं रख छोड़े। सबसे विदा लेकर उसने पीछे मुड़कर देखा तो बिट्टो ठीक वहीं नज़र आयी थी।

एक कोने में कायदे से रखे हुए खत बिट्टो को मिले थे। आखिरी खत में लिखा था, 'मुहब्बत बेजा बात नहीं है।'

एक जादूगर का पतन

अखिल की फ़ैंटेसी दुनिया

अखिल कौन है? बीस साला एक लड़का जो अपने कस्बे से शहर पढ़ने आया है पर हस्बे मामूल पढ़ाई से ज़्यादा बाकी कामों में मशगूल रहता है। कहने को वह किसी भी साधारण युवा की तरह ही है पर कई मायनों में वह सामान्य व्यक्ति के मार्ग से विचलित है। कहने का तात्पर्य यह नहीं कि वह सनकी अथवा पागल है बल्कि उसमें तो इतनी क़ुव्वत है कि वह किसी अन्य को पागल कर दे। शहर आने के बाद से उसके सभी दिन लगभग समान होते हैं। ज़्यादा दिनों के फेर में न पड़कर हम किसी भी एक दिन से कहानी शुरू कर सकते हैं।

तो एक दिन की बात है। गहरे रंग के परदे खिड़कियों पर गिरे हुए थे और लगभग अँधेरे कमरे में पलंग पर टेक लगाये अखिल बैठा था...लैपटॉप पर दृष्टि टिकाये गहराई से कुछ मनन करता हुआ। अखिल को अक्सर इस मुद्रा में देखा जा सकता था। लैपटॉप विलासिता के साधन से अनिवार्यता में तब्दील होने की प्रक्रिया में था और अखिल थोड़े दिन पहले एक लैपटॉप कहीं से जुगाड़ करके लाया था। वह तल्लीन था। तभी हड़बड़ी मचाता हुआ उसका दोस्त कुंदन अन्दर आया और लैपटॉप एक ओर सरकाकर बैठ गया। अचानक आये इस व्यवधान से अखिल चिहुँक उठा।

'क्या है कुंदन? यह क्या बात हुई? इस तरह बिना बताये आये हो और काम भी नहीं करने दे रहे।'

कुंदन अखिल का अभिन्न मित्र है। लेकिन यह अभिन्नता उतनी ही है

जितनी अनुमति अखिल देता है अर्थात् अखिल अपने रहस्यों में उसे सहभागी नहीं बनाता फिर भी एक वही है जिसके साथ थोड़ा अनौपचारिक हुआ जा सकता था। वो भी अखिल के कस्बे का है और दोनों की मित्रता उतनी पुरानी है जितने वे दोनों।

कुंदन पास पड़ा नमकीन का डिब्बा खोलते हुए बोला, 'हाँ, तुम तो लाट साहब ठहरे जो तुमसे अपॉइंटमेंट लेकर आयें। हम क्या जानते नहीं हैं तुम्हें? सब पता है हमें तुम्हारा काम। देख रहे होगे लड़कियों की तस्वीरें।' नमकीन टूंगते हुए कुंदन चिचियाई-सी आवाज़ में बोला। फिर ज़रा साँस भरकर अधिकार-भाव से अखिल के कन्धे पर हाथ रखकर कहा, 'तुम बाहर निकलो इस अँधेरी गुफ़ा से और चलो हमारे साथ। तुम्हें याद तो है न क्रिकेट मैच होने को है। न हो तो ज़रा प्रैक्टिस वगैरह ही कर लो या इस बार भी लुटिया डुबोने का ठान लिया है। पिछली बार तो ज़ीरो रन पर आउट थे तुम। बस जब देखो बैठे हैं जनाब इस लैपटॉप के साथ।' झुँझलाते हुए कुंदन ने ज्यों ही लैपटॉप की स्क्रीन अपनी तरफ़ घुमाई, वह दंग रह गया। कई लड़कियों की तस्वीरें मय उनके विवरणों के अलग-अलग टैब्स में खुली हुई थीं। कर्सर को ज़रा ऊपर-नीचे करते ही कुछ जाने-पहचाने चेहरे भी नज़र आने लगे। कुंदन लगभग कूदता हुआ बोला, 'अबे! ये क्या है अखिल?'

अखिल बेशर्मी से खीसें निपोरते हुए बोला, 'भाभियाँ हैं तुम्हारी, देख लो।'

'इतनी सारी!! तुम पगला गये हो गुरु? किन पचड़ों में पड़े रहते हो सारा दिन, चक्कर क्या है?' नीचे स्लाइड करते हुए एकाएक कुंदन ठहर गया, 'यह तो अगली गली वाले शर्मा जी की बेटी है और यह आसिफ़ की बहन। तुम मरोगे किसी दिन।' कुंदन हड़बड़ाहट में शब्दों को चबा रहा था।

'क्यों हम क्यों मरेंगे। ऐसा क्या करे दे रहे हैं। पकड़कर इज़्ज़त तो लूट नहीं रहे किसी की। ये इश्क है मेरी जान इश्क...तुम इसका स्वाद क्या जानो। तुम तो सालों से जिस एक के पीछे हलकान हो रहे हो वह भी तुम्हें हासिल नहीं हुई।' अखिल कुंदन का मज़ाक उड़ाते हुए बोला पर वह दोस्त ही क्या जो ऐसी सिरफिरी बातों का बुरा मान जाये। कुंदन भी दाँत चियारकर हँस दिया। कुंदन के गाल पर चपत लगाते हुए अखिल ने कहा, 'अब तुम्हारी तरह गये-बीते तो हम हैं नहीं कि एकतरफ़ा इश्क में गाफ़िल हो जायेंगे। तुम

अच्छे से जान लो ये सारी मुहब्बतें दोतरफ़ा हैं इसलिए तुम हमारी चिंता न किया करो। बचने का पूरा इन्तज़ाम करके चलते हैं। कोई अँगुली भी उठा दे हमारी तरफ़ तो साले की बजा डालेंगे।' अखिल ने सिगरेट सुलगा ली थी।

'मुहब्बत?' कुंदन जैसे आसमान से गिरकर खजूर पर जा अटका। उसकी समझ में अब भी कुछ नहीं आ रहा था। 'अबे ओ मजनूं की औलाद कितनों से प्यार करेगा तू। पिछले हफ़्ते ही तो तूने अपनी प्रेमिका से मुलाकात करवाई थी...उसका क्या बना?' कुंदन की इस बात पर अखिल बुक्का फाड़ कर हँस दिया। 'वैसे ये फ़ोल्डर वगैरह काहे बना रखे हैं?' सरसरी निगाह से उनके विवरण देखते हुए उसने अखिल से पूछा। 'और इनके बारे में इतनी जानकारी और तस्वीरें आयीं कहाँ से तेरे पास?' कुंदन अखिल की कारस्तानियों से प्रभावित लग रहा था।

'फ़ेसबुक से।' पैर फैलाते हुए अखिल बोला, उसके स्वर में दंभ झलक रहा था।

तभी कोने में फ़ेसबुक चैट पर एक मैसेज उभरा। 'कहाँ हो?'

कुंदन जैसे ही वहाँ क्लिक करने लगा अखिल ने झपटकर उसे रोक दिया। 'अरे क्या करते हो। रुको, अभी नहीं खोलो। ज़रा उसे इन्तज़ार में बेताब होने दो। बेक़रारी को ज़रा बढ़ने दो। दो-चार मैसेज और आने दो, फिर देखेंगे।' कहते हुए मक्कारी भरी मुस्कुराहट उसके चेहरे पर फैल गयी। 'अभी हम मैसेज करेंगे इस वाली को। यह अभी तक हमारे लपेटे में नहीं आयी, पर देखना जल्द ही आ जायेगी।' एक खूबसूरत लड़की की ओर इशारा करते हुए अखिल ने होंठों पर जीभ फिराई।

'मंसूबे क्या हैं तुम्हारे। किसी किले पर चढ़ाई कर रहे हो? कहाँ फ़तह हासिल करनी है यार तुम्हें? इनमें से किसी से प्यार भी है या यूँ ही घेराबन्दी कर रहे हो?' कुंदन अपने कान खुजा रहा था।

'प्यार, कौन-सा प्यार? किसे होता है आजकल के ज़माने में प्यार? तुम्हें लगता है ये लड़कियाँ हमारे सिवा किसी से बात नहीं करती होंगी या हमारे प्यार में जान दे देंगी। अरे! सब टाइम पास है बॉस। हमारे लिए भी और इनके लिए भी, भरपूर मज़े हैं दोनों तरफ़ और तुम देखना जल्दी ही इनमें से एक-दो हमारे साथ इसी कमरे में होंगी।' अखिल ने अपनी जाँघ पर हाथ मारा।

'बाबा, तुम्हारे फ़लसफ़े तुम्हें ही मुबारक। हमें तो यह सब जँचता नहीं। ठीक है, थोड़ी बहुत मस्ती लड़कपन में सभी करते हैं पर इस तरह की हरक़तों से क्या फ़ायदा कि सामनेवाला आपके इरादों को भाँप न पाए और आपसे अपनापा जोड़कर दु:खी होता फिरे। यह काफ़ी वाहियात लगता है। तुम्हें आना हो तो आ जाना, हम तो चले,' कहते हुए कुन्दन उठ खड़ा हुआ।

'बच्चे हो, तुम नहीं समझोगे। कहते हुए अखिल ने कुंदन की कोहनी पकड़ी तो कुंदन ने उसे दूर ठेल दिया। 'अरे यार, तुम तो नाराज़ हो गये...चलो चलता हूँ। कमरे पर तो जाने कब कोई आयेगी। अभी तो हमें ही इनकी गली का रुख करना होगा।' अखिल बेल्ट कस रहा था। 'ज़रा इन्हें भी दर्शन देते हुए चला जाये।' फिर अपनी ही बात पर ठठाकर हँस दिया।

'हाँ जी, आप तो कहीं के नवाब हैं। आपके दर्शन को सारी जनता छज्जे पर ही लटकी होगी।'

'लो तुम मज़ाक में लेते हो। रुको एक स्टेटस अपडेट करने दो, फिर देखो मज़ा।' कहते हुए अखिल ने टाइप किया 'ऑन द वे टू स्टेडियम' और फ़ेसबुक पर पोस्ट कर दिया। पोस्ट करने की देर थी कि लाइक्स की बरसात हो गयी। इनबॉक्स में मैसेज पर मैसेज आने लगे।

'कहाँ हो? कितनी देर में आओगे? अब इन्तज़ार नहीं होता।'

'हम भी आ जायें? तुम्हें करीब से छूकर देखेंगे।'

'स्टेडियम के पास ही इस नाचीज़ का घर है। घर के बाहर मिलोगे या अन्दर ही आ जाना जानेमन।'

'एक नज़र छत पर भी डाल देना। धानी रंग का दुपट्टा ओढ़ा है आज।'

इतनी लड़कियों के मैसेज एक साथ देखकर कुंदन बौखला गया और अखिल को ऊपर से नीचे तक घूरकर देखने के बाद बोला, 'यार, तुझमें क्या खास है जो बंदियाँ तेरे ऊपर गिरे जा रही हैं और वह भी सारी शर्मो-हया छोड़कर।'

'इट्स नॉट अबाउट लुक्स प्यारे। ये खेल है लड़कियों की साइकोलॉजी का। हर लड़की की अपनी एक नब्ज़ होती है। उसे ढूँढ लो और प्यार से सहला दो। दुनिया की सबसे खूबसूरत लड़की भी आपके पैरों में गिरी पड़ी होगी,' अपनी शर्ट का कॉलर ऊपर करता हुआ अखिल बोला।

'पर यार तूने एक ही शहर की इतनी लड़कियों को फाँस रखा है। कल को कुछ गड़बड़ हो गयी तो? दूसरे शहरवालियों का इतना डर नहीं पर एक ही शहर और उस पर भी कई तो एक ही मुहल्ले की। सोच ज़रा, अगर उन्हें एक-दूसरे के बारे में पता लग जाये तो क्या गत होगी तेरी।'

'ये सब बड़ी गहरी बातें हैं। कभी तफ़सील से समझायेंगे। मौका पड़ा तो दिखा ही देंगे कि कैसे हैंडल किया जाता है इन लड़कियों को। अभी तो तुम चलो...सैर कर ली जाये।' बाइक में चाभी लगाते हुए अखिल ने ज्ञान झाड़ा।

कुछ रोज़ बाद कुंदन फिर हड़बड़ाते हुए अखिल के कमरे पर आया। 'ओए तू यहाँ आराम फ़रमा रहा है। वहाँ तेरे घरवाले हलकान हुए जा रहे हैं। फ़ोन क्यों ऑफ़ कर रखा है कल से। उन्होंने परेशान होकर मुझे यहाँ भेजा है। मैं कपड़े धोते हुए भागकर आया हूँ और यहाँ देखो जनाब को, लम्बलेट हुए पड़े हैं।' उसे यों आराम से लेटा देख कुंदन आपा खो बैठा लेकिन फिर उसे अचानक अखिल की फ़िक्र हुई, 'अखिल, तू ठीक है न? कहीं किसी लफ़ड़े में तो नहीं फँस गया भाई।'

अखिल ने ज़रा-सा उठकर देखा और हँसते हुए फिर पसर गया। 'अबे, मैं भला कहीं फँस सकता हूँ। हाँ, फँसाने के हुनर में ज़रूर बादशाह है तेरा भाई। एक नयी लड़की आयी है। बहुत ही स्मार्ट है। स्साली मान ही नहीं रही कि मुझे उससे प्यार है। यह फ़ोन बन्द करना, फ़ेसबुक छोड़ना, बाकी सब सोशल नेटवर्किंग छोड़ देना एक अचूक उपाय होता है इन जैसियों को शीशे में उतारने का। यह एक रामबाण है जिससे हर लड़की के टशन का किला ध्वस्त हो ही जाता है। हर लड़की का अपना मर्ज़, हर मर्ज़ की अपनी दवा पर ये वाली दवा सब पर असर करती है। हर लड़की पिघलती है यह सुनकर कि कोई उसके लिए दुनिया जहान छोड़कर बैठा है,' पैर पर पैर चढ़ाते हुए अखिल बोला।

कुंदन आँखें फाड़े सुन रहा था। 'ये सब तो ठीक है पर क्या तुझे उससे वाकई प्यार हो गया है?'

'हा-हा-हा, तू जानता है कि प्यार तो मुझे कभी हो नहीं सकता। पर जब कोई लड़की मानती नहीं है तब मैं अजीब-सी बेचैनी से घिर जाता हूँ और जब तक उससे हाँ न बुलवा लूँ मेरी मर्दानगी मुझे धिक्कारती रहती

है। मेरा पौरुष ज़मीन में गड़ जाता है। उस समय मेरी ज़िन्दगी का सार उस लड़की की हाँ में सिमट जाता है।' समझाइश वाले भाव में अखिल अपनी रौ में बोले जा रहा था।

'और उसकी हाँ के बाद क्या करते हो? कमरे पर ले आते हो?' कुंदन ने क्रोध को दबाते हुए पूछा।

'अबे बुड़बक, हर औरत इस लायक नहीं कि मेरे साथ सो सके। वह तो मैं बहुत देखभाल कर चुनता हूँ। उनके साथ सो जाना असल सुख नहीं है। असल सुख तो कुछ और है जिसके बीच में ये बिस्तर वाला प्रसंग कभी-कभी ही आता है।' अखिल अँगुलियों से भद्दा इशारा कर रहा था। 'और वैसे भी सत्तर परसेंट लड़कियों से इस जन्म में क्या अगले जन्म में भी कभी मुलाकात नहीं होगी।'

'देख अखिल, मुझे तेरी बातें समझ नहीं आतीं। तू आखिर चाहता क्या है?' कुंदन अखिल की बातों से चकरा गया था।

'यह एक आदिम चाह है। एक सदियों पुराना खेल जिसमें बेहद मज़ा आता है। मेरी इन्द्रियों को सबसे ज़्यादा सुख इसी में है। शिकार करने में कितना आनन्द आता है यह तूने कभी महसूस किया है? चेस करने का मज़ा सिर्फ़ शिकारी ही जानता है। जब नसों में खून उबलने लगता है, दिल में कोई भारी चीज़ टंकार करने लगती है और एक प्यास लपलपाती हुई गिरफ़्त में ले लेती है तब वह मिट पाती है सिर्फ़ शिकार को अपने शब्दों में बाँध लेने पर ही। फिर जब उसे पता लगता है कि वह फँस चुका है तो उसका भय, छूटने की उसकी तड़फड़ाहट देखने काबिल होती है। कभी मन होता है उसका दम वहीं निकाल दूँ लेकिन मैं ऐसा करता नहीं। अक्सर उस शिकार से मन भर जाने पर उसे उठाकर दूर फेंक देता हूँ। वह उतनी ही दूरी तय करके आता है वापस मेरे फंदे में फँसने के लिए। वह मुझसे डरता है, मुझसे दूर भाग जाना चाहता है पर वह फिर मेरे पास ही आता है। बार-बार आये चला जाता है जब तक उसमें थोड़ा-भी जीवन शेष है। फिर एक दिन जब उसके अन्दर की संवेदनाएँ दम तोड़ देती हैं और वह नहीं आता तब मैं उन्हें तरह-तरह के लालच देकर रिझाता हूँ। उनमें फिर एक उम्मीद का संचार करता हूँ कि आओ मेरे पास, अभी सब कुछ खत्म नहीं हुआ।' यह कहते हुए अखिल की आँखें मुंद

गयीं एक अनजाने सुख की कल्पना में। फिर वह झटके से उठा और टेबल पर मुक्का मारते हुए बोला, 'लेकिन आजकल लड़कियाँ बहुत तिकड़मी हो गयी हैं। इस विषम-चक्र के सारे पड़ाव पूरे करने से पहले ही भाग छूटती हैं। कभी-कभी ही कोई हाथ आती है जो पूरे चक्र में मेरा साथ दे सके।' कहते हुए अखिल की आँखों में जाने कौन-सी परछाइयाँ उतर आयीं।

कुंदन अपने बचपन के दोस्त से यह सब सुनकर सन्न था। 'तू तो पूरा वाला साइको है। यह सब ठीक नहीं है अखिल। लोगों के मन और जीवन से क्या खेलना। कभी सोचा है उन लड़कियों का क्या हाल हो जाता होगा। यह सब छोड़ और किसी डॉक्टर से मिल ले। तू अभी मेरे साथ चल,' वह अखिल का हाथ पकड़कर खींचते हुए बोला।

'अरे भाई बैठ जा। तू तो मेरे मज़ाक को गम्भीरता से ले बैठा। तू भी न बहुत जल्दी आपा खो बैठता है,' अखिल हँस रहा था। पर उसकी हँसी को कुंदन ने नज़रन्दाज़ कर दिया।

'मैं जानता हूँ तू मज़ाक नहीं कर रहा था। मेरे साथ नहीं जाना चाहता तो न सही। पर तू एक बार डॉक्टर से मिल ले। इस तरह अपना और औरों का जीवन बर्बाद कर कुछ हासिल नहीं होगा।'

'सुनिए, क्या अखिल जी यहीं रहते हैं?' स्त्री-स्वर सुन दोनों चौंक गये।

'माया!' अखिल के स्वर में प्रसन्नता थी। उसका उत्साह छलक पड़ने को आतुर था।

कुंदन की उपस्थिति को महसूस कर माया असहज हो गयी। उसकी असहजता भाँपकर अखिल ने कहा, 'अरे घबराओ नहीं। यह मेरा सबसे प्यारा दोस्त है कुंदन। मेरा फ़ोन बन्द था तो मेरी खबर लेने आया था। बहुत चाहता है मुझे।' अखिल ने कुंदन के कन्धे पर एक धौल जमाते हुए माया से कहा, 'तुम बैठो न।'

'नहीं मैं भी आपका हाल लेने ही आयी थी। आप ठीक हैं देख लिया। अब मैं चलती हूँ।' माया सकुचा रही थी।

'अरे ऐसे-कैसे! अभी तो आयी हो। आओ अपना गरीबखाना दिखाता हूँ तुम्हें,' अखिल ने उसे रोकने का उपक्रम करते हुए कहा।

'अभी नहीं...फिर कभी।' 'सुनिए' वह अचानक पलटकर बोली 'अपना

फ़ोन ऑन कर लीजियेगा।' कहते हुए उसकी मुस्कुराहट नुमायाँ हो गयी जिसे छिपाने की कोशिश करते हुए वह चली गयी।

'हाय, मैं तो मर गया सच। कितने दिनों से इस दिन का इन्तज़ार था। तू तो मेरे लिए लकी निकला मेरी जान,' कहते हुए अखिल ने कुंदन के गाल खींच लिए। 'यह वही है जिसके लिए सब बन्द किये बैठे थे हम।'

'अबे! यह तो बहुत अच्छी लड़की लग रही है। कितनी खूबसूरत भी है। यार, इसका दिल नहीं दुखाना।' कुंदन की आवाज़ में माया के लिए सहानुभूति थी।

'खाक अच्छी लड़की है।' फ़ोन ऑन करते हुए अखिल बोला, 'पहले ही दिन कमरे पर चली आयी। ये अच्छी लड़कियों के लक्षण हैं? देख इसका मैसेज, हाँ कह दिया इसने। आखिर पूरे पाँच महीने फ़ील्डिंग की है उसके लिए लड़कियों के इस बादशाह ने।' अखिल कॉलर ऊपर कर शेखी बघार रहा था। 'पर तेरी एक बात मानता हूँ कि माया है तो बेइन्तिहा खूबसूरत, एक बार चखना तो पड़ेगा।' चटकारा लेते हुए अखिल बोला। 'अब यह आसान शिकार है। जो कहूँगा मानेगी।' उसके चेहरे पर जीत की खुशी थी। किसी को खदेड़-खदेड़ कर मार डालने में जो आनंद शिकारी कुत्ते को आता है लगभग वही वहशीपना अखिल की खुशी में मिला हुआ था।

'क्या शिकार-शिकार लगा रखा है...लड़की है वो, जीती-जागती। तुझसे प्यार करती है, तेरी खबर लेने चली आयी तो क्या चरित्रहीन हो गयी? अगर वह गिरी हुई है तो खुद को क्या कहेगा?'

'ज़्यादा परेशान न हो। शेर को शिकार झूठा कर लेने दे, गीदड़ भी झूठन उड़ायेंगे। केक कटेगा तो सबमें बँटेगा।' अखिल अपनी ही बात पर हो-हो कर हँस पड़ा।

'एक लड़की के लिए कैसी भाषा का प्रयोग कर रहा है अखिल?'

'तू क्यों उसकी इतनी पैरवी कर रहा है। तुझे पसन्द है तो तू रख ले। दोस्त की तरफ़ से तोहफ़ा समझ, जा ऐश कर।'

'बकवास न कर, तुझे समझाना बेकार है। किसी दिन पछतायेगाा।'

'वह दिन आयेगा तब की तब देखी जायेगी। फ़िलहाल तो इस हुस्न-परी के मज़े लेने दे,' अखिल अनजाने ही अपने होंठ मसल रहा था।

कुंदन ने वितृष्णा से उसकी ओर देखा, 'और अगर मैं उसे सब बता दूँ तो ?'

'हा-हा-हा...शौक से बताओ। वह नहीं मानेगी। उस दिन तूने पूछा था न कि एक ही शहर की कई लड़कियाँ हैं...पता नहीं लगता? ज़रूर पता लगता है। इन्टरनेट से दुनिया इतनी सिमट आयी है कि एक जगह वाले ही नहीं दूर-दराज़ वाले भी एक-दूसरे को जानते हैं तो देर-सवेर सब जान ही जाते हैं। लेकिन मेरे प्रेम से लबरेज़ शब्दों से उनकी चेतना शून्य हो जाती है। वो तब तक दूसरों से सुनी सच्चाई नहीं मानते जब तक मैं खुद ऐसा न चाहूँ। यहाँ की कई लड़कियों ने मुझे किसी और के साथ देखा और सवाल किये पर मेरे जवाबों से संतुष्ट होकर मेरे साथ बनी रहीं जब तक मैंने खुद उन्हें धक्का नहीं दे दिया। अब निजी तौर पर ऐसे लोगों को मैं तो बेवक़ूफ़ ही मानता हूँ और जब तक उन्हें अक्ल आती है तब तक देर हो चुकी होती है। लेकिन ऐसे ही लोग मेरे काम के होते हैं। मेरे खिलाफ़ आवाज़ तक नहीं उठा पाते और खुदा-न-खास्ता किसी को बदला लेने का भूत सवार भी हो जाये तो मेरे हथियार तैयार होते हैं। उन फ़ोल्डर्स का राज़ यही है। सबकी बातचीत सेव्ड है वहाँ। और कुछ की पर्सनल वाली तस्वीरें और वीडियो भी,' आँख मारते हुए अखिल बोला। 'क़सम मेरे यार की...ऐसी बातचीत करती हैं लड़कियाँ कि तू भी शर्मा जायेगा।'

'अखिल, इतनी बुद्धि कहीं और क्यों नहीं लगाता? कितने नीच काम में खुद को लिप्त कर रखा है। मैं ऐसे आदमी का दोस्त नहीं हो सकता। यह सब कभी छोड़ सके तो दोस्त समझना।' कुंदन का स्वर हारा हुआ था।

'पका मत यार, अभी जा। दोबारा आयेगा तो नये किस्से तैयार रखूँगा तेरे लिए, इस बार एकदम गरमा-गरम। यह जो ज़ायका बिगड़ गया है तेरा, बिलकुल ठीक हो जायेगाा। माया की नरम पिंडलियों का गरम एहसास...उफ़्फ़... तुझे सुनाऊँगा ना तो तेरी भी आह निकल जायेगी।' दिल थामकर जैसे अखिल मंच पर नाटक कर रहा था।

'लगता है तुझे कुछ भी कहने-सुनने का कोई अर्थ नहीं है। आदतें बदल सकते हैं, स्वभाव भला कैसे बदलेगा,' कहते हुए कुंदन के चेहरे पर परेशानी नुमायाँ थी। 'हो सके तो और लोगों को परेशान न करना, चलता हूँ।'

'मुझे भी बाहर जाना है, माया से मिलने।' कहते हुए अखिल सीटी बजाने लगा। 'सोच रहा हूँ उसे इन्तज़ार करवाऊँ या पहले ही पहुँच जाऊँ। अभी

नयी है...थोड़ा-सा उसका इन्तज़ार कर उसे स्पेशल महसूस करवाता हूँ। बोल क्या कहता है?' सिर उठाकर देखा तो कुन्दन जा चुका था। 'उफ़ यह कुंदन भी! लड़कियों से भी गया-बीता हो गया है। इसको फिर कभी मना लूँगा। अभी तो चलूँ।' बालों में हाथ घुमाते हुए अखिल बाइक की ओर बढ़ गया।

माया के साथ प्रेम-प्रसंग और उद्देश्य सफलता—

'ओह माया, कहाँ थीं। कब से खड़ा हूँ।' अखिल मुँह बिसूरते हुए माया से शिकायत कर रहा था।

'तुम्हें बताया था न बच्चों को ट्यूशन पढ़ाती हूँ। बस वहाँ से फ्री होकर सीधे यहीं आ रही हूँ। छह बजे का ही तो वक़्त मिलाया था हमने।' धीमी और ठहरी हुई आवाज़ में माया बोली। दुपट्टा उसके कन्धों पर झूल रहा था और पहली बार मिलने के संकोच और उत्सुकता से उसकी आँखें लरज़ रही थीं। अखिल को भर नज़र देखने की ख्वाहिश और हिचक के बीच हिलोरें ले रहे अपने मन को थामकर वह अखिल को देख मुस्कुरा दी।

'हाँ सच, छह ही तो बज रहे हैं।' अखिल ने घड़ी देखकर कहा। 'मुझसे इन्तज़ार नहीं हुआ और यहाँ चला आया। बेवजह ही तुम्हें दोष दे रहा हूँ।' अखिल के स्वर में शरारत थी। 'पाँच महीने के इन्तज़ार के बाद अब पाँच पल भी रुकना मुश्किल था और आज दोपहर तुम्हें देखने के बाद तो...' अखिल ने जान-बूझकर वाक्य अधूरा छोड़ दिया। 'आओ थोड़ी देर रेत पर चहलकदमी करते हैं। फिर डिनर पर चलेंगे,' कहते हुए अखिल ने माया का हाथ थाम लिया। 'जानती हो जिस दिन पहली बार तुम्हें फ़ेसबुक पर देखा था मुझे पता नहीं था कि हम दोनों एक ही शहर में रहते हैं। लेकिन यह खयाल ज़रूर आया था कि कभी इस लड़की का हाथ अपने हाथों में ले ढलता हुआ सूरज देख सकूँ। और देखो कभी-कभी कुछ सोचा हुआ कितना सच हो जाता है।' नम रेत उनके कदमों के नीचे सिमट रही थी।

सूरज की किरणें उनके चेहरे पर आड़ी-तिरछी लकीरें खींच रही थीं। 'पहली दफ़ा देखते ही! यह कैसे मुमकिन है?।' कहते हुए उसकी आवाज़ में हैरानी के साथ लजीली खनक आन खड़ी हुई थी।

'तुम्हारी आवाज़ बहुत प्यारी है माया...तुम्हारे नाम की तरह। फ़ोन पर

भी बहुत मीठी लगती थी पर तुम्हें अपने इतने करीब बोलते हुए सुनना कितना अलग एहसास है।' कहते हुए उसने माया की नन्ही हथेली कस ली थी। 'तुम्हें लगता है कि वही पहली बार था पर मैं तो तुम्हारे बारे में जाने कब से सोचता हूँ। तुम्हें देखने के बाद इतना भर हुआ कि मेरी सोच को एक चेहरा मिल गया।' एकटक माया की आँखों में झाँकने के कुछ पल बाद जैसे वह चौंका, 'ओह! माया तुम मुझे पहले क्यों नहीं मिलीं और मिलीं भी तो इतने दिन लगा दिए मेरा होने में।'

'मैंने इतने महीने ज़रूर लगा दिए हाँ कहने में पर अब ये इत्मीनान रखना कि बाकी पूरी ज़िन्दगी कहीं नहीं जाऊँगी।' फिर जैसे उसके बालों को सँवारते हुए उसकी सारी शिकायतों को भी उसके माथे से पोंछ डाला। 'पहली बार हो रहा है मेरे साथ यह सब। मुझे खुद नहीं पता था कैसे रिएक्ट करना है। बचपन से अब तक कोई मेरे जीवन में तुम्हारी तरह नहीं आया। कभी मन को इजाज़त नहीं दी कि वह पल भर के लिए किसी को सोचे। शायद इस मन को पहले-पहल तुम्हारा स्पर्श चाहिए था।' माया की आँखें पनीली हो चली थीं जैसे कि आकाश की घटायें उनमें उतर आयी हों।

अखिल मन-ही-मन हँसा, 'सारी लड़कियाँ यही कहती हैं। पहली बार......हुँह माय फ़ुट। ड्रामेबाज़ कहीं की।'

'बोलो न माया, रुक क्यों गयीं।' ठुड्डी से पकड़कर उसका चेहरा अखिल ने अपनी ओर घुमा लिया।

'तुमसे अपना नाम सुनना बहुत अनोखा लगता है अखिल।'

'और मुझे अच्छा लगता है अपने होंठों पर तुम्हारे नाम का स्पर्श। दिनों-दिन हर पहर बस यही पुकारता हूँ। माया-माया-माया'

'क्या कर रहे हो ? सब लोग हमें ही देख रहे हैं,' माया अखिल के होंठों पर हथेलियाँ रखते हुए बोली जिन्हें अखिल ने चूम लिया।

'देखने दो। आज का दिन हमारे साथ इन्हें भी याद रहेगा।' सुनकर माया बेसाख्ता हँस पड़ी और अखिल उसे अपलक देखने लगा।

'ऐसे क्या देखते हो,' माया की मखमली आवाज़ में शब्द फिसल रहे थे।

अखिल ने कुछ नहीं कहा। बस माया के हाथों पर अपनी पकड़ मज़बूत कर दी। अखिल की हथेलियों में बँधी माया की हथेली ठिकाना पाए पंछी की

तरह मुतमईन थी। दोनों देर तक आते-जाते लोगों को देखते रहे...चुप लगाये हुए। चुप्पी दोनों के दरमियाँ एक पारदर्शी नदी थी जिसमें माया को प्रेम बहता प्रतीत हो रहा था। दोनों इन चुप्पियों में एक-दूसरे के नयेपन को टटोलते रहे। उस रात खाने का समय निकल गया और माया के हॉस्टल लौटने का वक्त हो चला पर माया को इसका कोई अफ़सोस न था और अखिल तो जानता था कि यह होने वाला है। अपनी ज़िन्दगी के हर दृश्य का निर्देशक वह खुद ही जो ठहरा।

उस रात और उसके बाद की कई रातों तक अखिल माया को मीठा उलाहना देता रहा कि पहली बार मिलने पर उसे भूखा रहना पड़ा। जब ज़िन्दगी भर के लिए वह उसकी हो जायेगी तब क्या होगा और माया हर बार लजा कर आने वाले जीवन की मीठी कल्पना में डूब जाती। अखिल की बातों से नर्म खरगोश उसके भीतर कुलाँचे भरते जो किसी दम उसकी पकड़ में नहीं आते। कुछ समय बाद उसने उन खरगोशों को पकड़ने की कवायद छोड़ दी और खुद उनके साथ दौड़ने लगी। इन दिनों उसके गाल फूल गये थे और वह बेवक्त-बेबात हँसने लगी थी। जहाँ जाती उसकी रंगत सबका ध्यान खींच लेती। सफ़ेद डैफ़ोडिल के कटोरों में छिपे गहरे गुलाबी पराग-केसर सा रंग हो चला था माया का। अखिल कभी प्रभावित भी होता तो उसके भीतर का छल उसके महसूस करने की शक्ति को ढाँप लेता। अखिल के लिए वह अब भी शिकार थी जिसके चारों तरफ़ फंदा कसना उसका एकमात्र उद्देश्य था।

कई महीने यूँ ही बीत गये। अखिल ने अपने अच्छे व्यवहार से माया पर अनुकूल छाप छोड़ दी थी। अखिल अपने काम में निपुण था और माया का भरोसा हासिल कर चुका था। वह उसे उन सभी मर्दों से अलग समझने लगी थी जिन्हें लड़कियों से एक ही मतलब होता है। वे दोनों जब भी मिलते हाथ थामे घंटों बैठे रहते और अपना मन, अपने डर, अपनी आकांक्षाएँ सब बाँटते। यह स्पर्श माया को अच्छा लगता और अखिल की बातों से उसका मन सिक्त होता। प्रेम की सीमा नहीं थी। शब्दों से जितना ज़ाहिर किया जा सकता है उस से कहीं अधिक प्रेम अखिल उसे देता। भेड़ की ऊन उतारते वक्त जो क्रूरता उसके साथ की जाती है उसका अनुभव माया को नहीं था पर अखिल इसी निष्ठुराई के लिए उसे तैयार कर रहा था। अखिल उसे यूँ सहेजता कि माया को क्या किसी को भी उस पर संदेह होना मुमकिन नहीं था। अखिल अपनी

अगली चाल से पहले सतर्कता बरत रहा था। लड़की उसके शिकंजे में है वह यह समझ चुका था परन्तु वह अपनी चाल धीरे-धीरे चल रहा था कि इस बार यह सिर्फ़ बातों का खेल नहीं था। उसे माया को पूरी तरह हासिल करना था और माया जिस तरह प्रेम की पारम्परिक पद्धति की हिमायती थी उसमें जल्दबाज़ी से काम बिगड़ सकता था। माया अखिल के लिए ऐसा निवेश थी जिसे परिपक्व होने से पहले तोड़ देने पर लाभ के स्थान पर हानि होती इसलिए अखिल धीरज से काम ले रहा था।

एक दोपहर वे दोनों कॉफ़ी पीकर निकले तो एक लड़की अचानक अखिल के आगे आकर इस तरह ठहर गयी ज्यों बगल से गुज़रते-गुज़रते कुछ याद आने पर औचक पलट आयी हो। वह आक्रामक तरीके से उनका रास्ता रोक कर खड़ी हो गयी। माया को ऊपर से नीचे तक घूरकर देखने के बाद बोली, 'क्या बात है अखिल, नया शिकार।' उसकी आवाज़ में इतनी हिकारत थी कि माया के रोंगटे खड़े हो गये। फिर माया की ओर पलटकर बोली, 'डू यू नो ही इज़ अ बास्टर्ड। इसकी बातों में मत आ जाना तुम। बहुत लड़कियाँ बर्बाद हो गयी हैं, तुम भी हो जाओगी।' कहकर अखिल को खम्भे की ओर धकियाते हुए तेज़ी से भीड़ में खो गयी। माया भौंचक्की-सी खड़ी रह गयी। अखिल गुस्से में दाँत पीसते हुए उसकी ओर लपका पर वह लड़की जा चुकी थी।

'कौन थी अखिल यह?' लरज़ती आवाज़ में माया ने पूछा। माया के लिए यह घटना आघात से कम नहीं थी।

'मुझे क्या पता कौन थी? गलतफ़हमी हुई होगी...मैं नहीं जानता उसे।' अखिल के चेहरे पर क्रोध और अप्रसन्नता के स्पष्ट भाव थे।

'गलतफ़हमी नहीं थी। उसने तुम्हारा नाम भी लिया था।' माया अपने हवास सँभालते हुए बोली। 'अरे यार होगी कोई। मैं क्या हर किसी को जानता हूँ। जैसे लडकियों के पीछे लड़के होते हैं वैसे ही लड़कों पर भी मरती हैं लड़कियाँ। तुम्हें तो खुश होना चाहिए कि तुम्हारा प्रेमी इतना लोकप्रिय है।' असल मनोभावों को छिपाने की मशक्कत उसके चेहरे पर चस्पाँ थी।

'पर जो बातें उसने कहीं उनसे तो ऐसा नहीं लगता कि वह तुम पर मरती है या उसकी तुममें कोई दिलचस्पी है।' वह अखिल से दो कदम दूर हटकर खड़ी हो गयी।

'अब क्या तुम सबके मन की बात पता कर सकती हो ? यह भी हो सकता है कि मैंने मना कर दिया तो अब बदला लेने के लिए ऐसी हरकतें कर रही हो। तुम तो जानती हो आजकल की लड़कियों को ?' कहते हुए उसका हाल चोट खाए साँप-सा था।

'तो क्या तुम्हें इतनी लड़कियाँ अप्रोच करती हैं कि तुम्हें याद तक नहीं कि वह कौन थी और तुम्हें कब मिली थी।'

'तुम तो थानेदार की तरह पूछताछ करने लगीं। क्या तुम्हें मुझ पर यकीन नहीं है ? चाहो तो फ़ेसबुक, मेल सबका पासवर्ड ले लो। लो मेरा फ़ोन भी रख लो पर मुझ पर शक मत करो। तुम्हारे बिना मैं मर जाऊँगा माया,' कहते हुए अखिल की आवाज़ भर्रा उठी। यह उसका आज़माया हुआ पैंतरा था।

माया विचलित अवश्य हुई पर जो हुआ उससे इतनी जल्दी पार पाना उसके लिए सरल नहीं था। उसके यकीन को गहरी ठेस पहुँची थी।

'अखिल मुझे कुछ भी ठीक नहीं लग रहा। मैं घर जा रही हूँ,' माया को अपनी कनपटी तपती हुई महसूस हो रही थी।

'माया, माया...सुनो तो।' पर वह नहीं रुकी और अखिल सारा खेल बिगड़ जाने पर पैर पटकता घर आ गया।

रास्ते में जो लड़की उसे मिली वह रिनी थी। दो साल पहले उसकी ज़िन्दगी में आयी थी मगर उसकी सच्चाई जान उससे जल्द ही दूर हो गयी। न सिर्फ़ दूर हुई थी बल्कि उसके कुछ मित्रों को उसकी असलियत भी बता गयी थी। वह तो खैर हो कि किसी ने उसकी बातों को अधिक गम्भीरता से नहीं लिया लेकिन उस वक्त तो एकबारगी अखिल भी डर गया था। अब फिर उसने अचानक पहुँचकर बने-बनाये खेल का बंटाधार कर दिया। अखिल का गुस्सा सातवें आसमान पर था। उसने उसे फ़ोन करके धमकाना चाहा मगर उसका नम्बर बदल चुका था। फ़ेसबुक, व्हाट्सएप पर भी नहीं दिखी।

'अबके कहीं दिखी तो गर्दन दबोच दूँगा साली की। हिम्मत कैसे हुई उसकी ऐसी हरकत करने की। खैर जाने दो फ़िलहाल तो माया को मनाना है।' उसने खुद को फ़िलवक्त की प्राथमिकता याद दिलाई।

उसने लगभग सब मिटाकर माया को सारे सोशल एकाउंट्स के पासवर्ड मैसेज कर दिए और फ़ेसबुक से फ़ोन तक सब बन्द कर दिया। सिर्फ़ फ़ेसबुक

का फ़ेक अकाउंट चालू रखा जो सब पर नज़र रखने के काम आता और फ़ोन में एक नया सिम डाल लिया जिससे घरवालों से और कुछ चुनिंदा प्रेमिकाओं से राब्ता रख रहा था। यूँ ही एक हफ़्ता बीत गया। उधर माया बहुत परेशान थी। वह सचमुच अखिल से प्रेम करती थी। जिस पर उसने इतना भरोसा किया उसके लिए ऐसी बातें सुनना और उसकी पीड़ा सहना उसके लिए बेहद मुश्किल था। वह किसी से भी बात कर पाने की मनःस्थिति में नहीं थी। उसने अखिल के मैसेज देखकर भी अनदेखे कर दिए। जो घटना घटी उसका कोई स्पष्टीकरण अखिल के पास नहीं था। वह यह समझ रही थी और यही बात उसे सबसे अधिक परेशान कर रही थी। अखिल से मिलने के बाद इतने दिन उससे कभी दूर नहीं रही थी। यह पहला मौका था जब इतने रोज़ दोनों की बात नहीं हुई थी। अखिल का भी तो फ़ोन नहीं आया...यह खयाल उसे और उदास कर गया। उसने फ़ोन उठाया तो अखिल का पासवर्ड वाला मैसेज पुनः दिखाई पड़ा। इतने दिनों से वह असमंजस में थी कि उसे इनका इस्तेमाल करना चाहिए या नहीं। वह ऐसा करना नैतिकता के खिलाफ़ मानती थी पर आज सोचा मन का वहम दूर करने में हर्ज़ ही क्या है।

फ़ेसबुक पर कुछ लड़कियों के मैसेज थे पर वे सब उसे एकतरफ़ा ही लगे। कहीं ऐसा नहीं लगा कि अखिल की तरफ़ से संवाद किये गये हों। कुछ प्रेम-निवेदन भी दिखे पर अखिल के नकारात्मक जवाब देख जैसे माया के मन से मनों बोझ उतर गया। कई साल पुराने मेल मिले पर वे सब भी औपचारिक बातें थीं। फिर भी उसने कुछ दिनों का इन्तज़ार करना ठीक समझा कि अगर किसी से बात होती होगी तो इस अवधि में मैसेज अवश्य आयेगा। वह अनजान थी कि अखिल की जिनसे बातें होती हैं वह उनसे दूसरे ज़रियों से लगातार सम्पर्क में है इसलिए वह यहाँ मैसेज नहीं करेंगी। इसी तरह कुछ और दिन बीत गये और न तो अखिल की कोई खोज-खबर मिली और न ही उसके खिलाफ़ कोई बात उसके हाथ लगी। उसे खुद पर क्रोध आया कि उसने अखिल की बात पर यकीन क्यों नहीं किया। उससे रहा नहीं गया। अखिल को फ़ोन लगाया तो बन्द था। मैसेज किया तो दोपहर तक भी डिलीवर नहीं हुआ। वह चिंतित हो उठी और उसके घर जा पहुँची।

घर जाकर देखा तो बढ़ी हुई दाढ़ी में पगलाया-सा अखिल उसी की तस्वीर

देख रहा था। अखिल खिड़की से उसे आता देख चुका था इसलिए मोबाइल बन्द कर उसकी तस्वीर के साथ अपनी पोज़ीशन ले चुका था। माया की आहट से चौंकने का नाटक करते हुए वह उठा और फिर लड़खड़ाकर बैठ गया। अखिल को सहारा देने माया आगे बढ़ी तो अखिल ने उसे थाम लिया और उसके कन्धों पर सिर रख फूट-फूट कर रोने लगा। उसे यूँ रोता देख माया की आँखें भी भर आयीं। 'मुझे माफ़ कर दो अखिल। मैंने तुम्हें बहुत दु:ख पहुँचाया न।'

'तुम माफ़ी क्यों माँगती हो। मेरे ही प्यार में कहीं कमी रह गयी होगी जो तुम्हारा भरोसा नहीं जीत सका पर अब कभी ऐसे छोड़कर मत जाना मैं पागल हो जाऊँगा।' कहते हुए वह माया को बेतहाशा चूमने लगा। माया भी उससे लिपट गयी। वो अपराध-बोध से ग्रस्त थी कि उसने अखिल के मन को बेवजह इतनी चोट पहुँचाई है। उसका रोकना उसे कहीं और दु:खी न कर दे इसलिए प्रतिकार नहीं कर पायी। पर जल्द ही प्रेम के आगे बाकी सारे एहसास ध्वस्त हो गये। बचा रह गया सिर्फ़ प्रेम और उसकी प्रचंडता। अखिल के स्पर्श में जो आवेग था वह उसे भी अपने साथ बहा ले गया। अखिल कई दिनों के भूखे जानवर की भाँति लोलुप होकर अपने शिकार पर टूट पड़ा था। माया अन्तराल बाद पानी मिले पौधे की मिट्टी की तरह सारे स्पर्श जज़्ब करती गयी। अन्त में वह खुश थी...वह प्रेम में थी। अखिल की बाँहों पर सिर रखे वह चुप लेटी थी। नन्हे स्पर्श उसके भीतर छूट गये थे जिनकी पतवार बनाये वह अनदेखे समन्दरों की यात्रा कर आयी।

'कुछ कहोगी नहीं,' बहुत देर बीत जाने पर अखिल ने ही शुरुआत की।

'पता है मेरे बालों में कुछ सुनहरे बाल भी हैं। न सफ़ेद न काले, बस सुनहरे। माँ कहती हैं वे बहुत शुभ होते हैं।' कुछ महीन खयाल उसकी अँगुलियों के पोरों पर कुनमुना रहे थे।

'ये तो बहुत खूबसूरत दीखते हैं,' उसके बालों के लच्छे बनाते हुए अखिल उसके कानों में फुसफुसाया। 'सुनो, मुझे दे दो एक बाल।'

'क्या करोगे?'

'तुम्हारी निशानी रहेगी मेरे पास।'

उसकी आँखों में जैसे रुका हुआ बाँध उमड़ पड़ा। अखिल के माथे पर एक चुम्बन जड़कर बोली, 'निशानी की क्या ज़रूरत है? क्या तुम कहीं जा

रहे हो? तुम रहना हमेशा। तुम नहीं रहे तो मैं भी नहीं रहूँगी।'

'मैं कहाँ जा रहा हूँ पगली। मैं तो हूँ यहीं तुम्हारे पास। तुम ही चली गयी थीं,' कहते हुए उसने माया को बाहुपाश में भर लिया।

प्रेम की असल गति तथा अन्य दुःख—

वक्त के साथ माया का प्रेम बहुत प्रबल हो गया था। उतनी ही तेज़ी से अखिल की उसमें रुचि कम होती चली जा रही थी। जहाँ प्राप्यता प्रेम को निगल जाये वहाँ कभी प्रेम का अस्तित्व हो ही नहीं सकता। धीरे-धीरे बातों का समय कम होने लगा। माया फ़ोन करती तो कोई-न-कोई बहाना करके जल्द फ़ोन रख देता। मुलाकातें अपेक्षाकृत कम होने लगीं। माया शिकायत करती तो उसका भ्रम कहकर टाल देता या बातचीत का रुख मोड़ देता। माया आजिज़ आ चुकी थी। वह जब भी इस बारे में बात करना चाहती न जाने कैसे बातें विवाद तक जा पहुँचती। अखिल परीक्षाओं का बहाना कर उससे कन्नी काटने लगा। माया सब्र रखकर परीक्षा की समाप्ति की प्रतीक्षा करने लगी। परीक्षाएँ भी खत्म हो गयीं मगर अखिल का कुछ पता नहीं था। माया उसके घर जा पहुँची। माया को देख बजाय खुश होने के अखिल के माथे पर बल पड़ गये। यह तब्दीली भाँप माया की धड़कनें बढ़ गयीं।

'माया फ़ोन करके आया करो न। ऐसे अचानक ही क्यों चली आयीं,' अखिल चिड़चिड़े स्वर में बग़ैर उससे आँख मिलाये बोला।

माया आश्चर्य से बोली, 'मैं पहले कब फ़ोन करके आती थी अखिल? क्या कुछ बदल गया है।' एक अनचीन्हा भय उसके स्वर से झाँक रहा था।

'अरे यार, तुम तो पीछे ही पड़ जाती हो। तुम्हीं सोचो यहाँ कोई दोस्त वगैरह बैठा हो तो अच्छा लगता है किसी लड़की का आना? अब बोलो भी...कुछ ज़रूरी काम था जो यहाँ आयी हो।'

'ज़रूरी काम?' माया बुदबुदाई, 'कुछ काम नहीं। तुम्हें देखने आयी थी।' उसकी आँखें भर आयी थीं।

'ये ड्रामा मत करो तुम अब। तुम जानती हो मुझे बड़ी कोफ़्त होती है। रोने की क्या बात है इसमें? यही तो कहा है बताकर आया करो। हमेशा एक-सा हाल तो होता नहीं है। कुछ नये दोस्त बने हैं और लोगों को तो तुम

जानती हो कुछ भी सोच लेते हैं,' अखिल ने एक किताब खोल ली थी।

'कौन-से नये दोस्त! मुझे तो बताया नहीं।'

'अब ज़रूरी है तुम्हें सब कुछ बताया करूँ। प्यार किया है, कोई ज़िन्दगी का हर पल तुम्हारे नाम तो नहीं लिख दिया। बहुत बोर करती हो यार अपने इन नाटकों से तुम,' वह अभी भी किताब के पन्ने पलट रहा था।

'मैंने कब कहा अखिल कि एक-एक पल का हिसाब दो। तुम सब कुछ बताया करते थे पहले इसलिए पूछ बैठी। तुम्हें अच्छा नहीं लगता तो कुछ नहीं पूछूँगी।' अब वह अवांछित है माया यह समझ रही थी पर एक नन्ही लौ अब भी हृदय के किसी कोने में जल रही थी।

'हाँ, न पूछा करो।'

'कुछ कहोगे नहीं?'

'क्या कहूँ।'

'पहले तो तुम बातें करते रुकते ही नहीं थे। अभी कुछ वक्त से कितना बदल गये हो। कोई तकलीफ़ है तो कहो।'

'तकलीफ़ क्या होगी। अब एक आदमी कितना बोलता रहे। तुम बोलो कुछ।'

'अखिल तुम सचमुच बदल गये हो। मैं नोटिस कर रही हूँ। अब तक लग रहा था परीक्षा का दबाव होगा। पर तुम तो...।'

'क्या मैं तो? एक ही रट लगा रखी है तुमने,' अखिल उठ खड़ा हुआ था।

'क्या कोई और है तुम्हारी ज़िन्दगी में?'

'अपने ये अहमकाना सवाल बन्द करो और मुझे जीने दो प्लीज़,' अखिल ने हाथ में पकड़ी किताब ज़ोर से दरवाज़े पर दे मारी।

'मैं तुम्हारी ज़िन्दगी में रोड़ा बन रही हूँ तो चली जाती हूँ। तुम्हारे लिए कुछ लायी थी...रखे जा रही हूँ।' आस्तीन में अपना मुँह छिपाते हुए माया ने किसी तरह कहा।

'हाँ जाओ। फ़ुर्सत मिलने पर फ़ोन करता हूँ।' स्वर से अगर किसी को कत्ल किया जा सकता है तो यह माया को मार डालने के लिए काफ़ी था।

पर यह सुनने के लिए माया वहाँ रुकी नहीं रह गयी थी।

उसके जाने के बाद अखिल ने थैली उठाकर देखी तो काँच लगी गुलाबी डिबिया में सुनहरा बाल रखा हुआ था। 'उफ़ ये लड़कियाँ भी। सही समय पर

कन्नी काट ली वर्ना मेरे गले का फंदा ही बन जाती। कुछ ज़्यादा ही भावुक थी...इमोश्नल फ़ूल कहीं की। खैर अब मुझे क्या...भाड़ में जाये।' सोचते हुए उसने वह डिबिया लापरवाही से उछाल दी। 'फ़िलहाल तो नईमा को फ़ोन करने का वक्त हो चला है,' सोचते हुए गुदगुदाती लहर अखिल के मन में उठी जिसमें माया का प्रेम क्षणांश को भी नहीं ठहर सका।

सब जो सहज-सरल दीखता है, सुन्दर हो यह आवश्यक नहीं। वह विकृत हो तो उसे बीत जाने देना चाहिए। पर माया का जीवन अखिल के इर्द-गिर्द सिमट गया था जैसे अखिल एक अनंत खोह हो जिसमें उसका सारा जीवन समा गया। माया गुम हो गयी थी...वह कहीं नहीं बची थी।

कुछ हफ़्तों बाद कुंदन अखिल के कमरे पर आया। उसे देख अखिल खुशी से उछल पड़ा। 'आ मेरे यार कैसा है? कितनी बार फ़ोन किया तूने उठाया ही नहीं। गुस्सा तो उतर गया न, अबे बैठ न। गैरों की तरह वहाँ क्यों खड़ा है।' कहते हुए अखिल ने कुंदन के गलबहियाँ डाल दीं जिसे कुंदन ने झटक दिया।

'मैं यहाँ बैठने नहीं आया हूँ। तूने माया के साथ क्या किया? वह बहुत परेशान है। कॉलेज-कोचिंग कहीं नहीं जा रही...खुद को एक कमरे में कैद कर लिया है। उसकी तबियत भी ठीक नहीं रहती इन दिनों।' कुंदन आज तय करके आया था कि माया की बाबत सारे सवालों के जवाब लेकर ही जायेगा।

अखिल ने एक ज़ोरदार ठहाका लगाया, 'तू बड़ा हमदर्द बन रहा है उसका। यह सारी ख़बरें मिलीं कहाँ से? अब भी उसी के पीछे है क्या? कहीं तेरे कन्धे पर सिर रखकर तो नहीं रोती?' कहते हुए अखिल ने एक अश्लील इशारा अपनी आँखों से कुंदन की ओर उछाला।

'उसकी रूममेट मेरी दोस्त है, उसी ने बताया है। शर्म आनी चाहिए तुझे अपनी सोच पर। कितना वक्त तूने उसके साथ बिताया है। इतना तो जानता ही होगा कि तेरे सिवा किसी और को वह...।' उसने अखिल पर घृणापूर्ण दृष्टि डाली।

'रहने दे ये बातें। अच्छे से जानता हूँ इन हॉस्टलवाली लड़कियों को। मेरे साथ सो गयी और कितनों के बिस्तर गर्म किये होंगे इसका कोई हिसाब नहीं। तबियत खराब है तो क्या मेरे माथे ठीकरा फोड़ोगे? लगा लायी होगी कहीं से एड्स का रोग या पेट में पल रहा होगा किसी का पाप। उसका रोना बन्द कर और अपनी सुना। जब से आया है लुगाइयों वाली बातें कर रहा है।'

अखिल उसे ठंडा करने की कोशिश कर रहा था पर आज कुंदन तैश में था।

‘बहुत बड़ा वाला कमीना है तू। तूने ठीक कहा था कि तू कभी प्यार नहीं कर सकता। जो लड़की दिलो-जान से तुझे चाहती है उसके लिए ऐसी हल्की बातें कहता है। उसे देखेगा तो पहचान नहीं पायेगा कि यह वही माया है जिससे पहली बार हम मिले थे।’ अखिल की बेपरवाही पर कुंदन हैरत में था।

‘देख कुंदन, मैं ऐसा ही हूँ। जादूगर निर्जीव चीज़ों से खेल दिखाते हैं। मैं भी जादूगर हूँ पर मैं लोगों के दिल और दिमाग से खेलता हूँ। जादू रचता हूँ मैं...ज़िन्दा लोगों की भावनाओं से। जानता है इस खेल में मुझे क्या मिलता है? यह उस खेल की तरह है जिसमें हर गलत जवाब पर एक अँगुली काट दी जाती है और हर सही जवाब अगले प्रश्न की ओर ले जाता है। इसमें हर सफल पड़ाव मुझे ज़िन्दगी के अगले मोड़ तक ले जाता है। जिस दिन मैं हार जाऊँगा उस दिन मुझे नये मोड़ की बजाय संकरी घुटी हुई गलियाँ मिलेंगी जिनकी सड़ांध मेरा दम निकाल देगी।’ अखिल जैसे उन गलियों की कल्पना से बेचैन हो उठा और उसने कमरे की खिड़कियाँ खोल दीं।

‘इसी जादू की गिरफ़्त में फँसेगा तू एक दिन।’

‘फ़िलहाल तो मेरा रिज़ल्ट आ गया है...टॉप किया है मैंने।’ अखिल अपने प्रति गहरे आसक्त भाव से बोला। ‘प्लेसमेंट पहले ही हो गयी थी। परसों जा रहा हूँ मुम्बई...वहाँ भी सेटिंग तैयार है अपनी,’ बेशर्मी से अखिल ने कहा।

‘किसी मुगालते में न रहना अखिल। बुराई को एक दिन बुराई ज़रूर मिलती है। सबसे पहले तो माया से मिलकर तेरी सच्चाई कहनी होगी। वह बेचारी अब भी सोचती है कि तू लौट आयेगा।’

‘जिसको जो कहना हो कह देना। आई गिव अ डैम नाउ और तेरी इन बद्दुआओं से अपना तो कुछ बिगड़ने से रहा। मेरे साथ सब अच्छा होता रहा है। आगे भी अच्छा ही होगा।’ अखिल लापरवाही से बोला और सोफ़े में धँस गया।

कुंदन माया के पास गया और उसे सब कह सुनाया। खाली आँखों से शून्य में ताकते हुए उसने जवाब दिया, ‘मुझे अंदेशा तो था कि अब वह मुझे नहीं चाहता पर उसने मुझे कभी चाहा ही नहीं था यह बिलकुल नहीं जानती थी।’ माया न जाने किससे प्रश्न कर रही थी, ‘मुझे क्यों उदास होना चाहिए... तुम मुझे भूल गये इसलिए या तुमने मुझे कभी प्रेम नहीं किया इसलिए?’

'वह तुम्हें ही नहीं किसी को नहीं चाह सकता,' कुंदन ने एक बार फिर उसे सत्य से अवगत कराना चाहा।

'कुंदन कोई ऐसा भी होता है क्या जैसा तुमने कहा। उसे मैं ही मिली इतने बड़े छल के लिए जबकि वह अच्छे से जानता है कि मैंने उसके सिवा कभी किसी को नहीं चाहा,' कहते हुए वह रो दी।

'वह जैसा भी था उसकी सज़ा तुम क्यों भुगतोगी? इसमें तुम्हारी कोई गलती नहीं...वही अपराधी है...तुम्हारा और कई लड़कियों का। वह नहीं बदलेगा...उसे समझा कर मैं थक चुका हूँ लेकिन तुम्हें ज़िन्दगी में वापस लौटना होगा। तुम मुझे अपना दोस्त समझो। कभी भी कोई ज़रूरत आन पड़े तो याद करना,' कुंदन उसे सांत्वना देते हुए बोला। 'कभी-कभी लगता है जैसे मैं ही दोषी हूँ। तुम्हें शुरू में ही सच बता देता तो तुम ऐसी न हो गयी होतीं। कचोटता है यह सब मुझे।' कुंदन ग्लानि से भर गया।

'नहीं कुंदन तुम्हारी कोई गलती नहीं। तुम भी कहाँ जानते थे कि वह इस हद तक पागल होगा कि उसे किसी का प्यार नहीं बदल पायेगा। और तुम मुझे बता भी देते तो कुछ नहीं बदलता। मैं इस हद तक उसके प्यार में थी कि मुझे कुछ समझ न आता...आँखें मूँदकर उस पर यकीन करती। उसने ठीक कहा कि वह जादूगर है।' पीड़ा से भरकर उसने कहा।

'सब भूल जाओ माया। वह आगे बढ़ गया...तुम्हें भी आगे बढ़ना होगा। किसी की वजह से ज़िन्दगी नहीं रुकती।'

और माया सुनती रही थी, उसी शून्य में देखती जो उसके जीवन में आ गया था।

ज़िन्दगी का आखिरी मोड़ और सुनहरे बालों वाली लड़की की याद—

जिस रोज़ अखिल की फ़्लाइट थी उस दिन हवाई-अड्डे के काँच से, धँसी आँखों वाले कंकाल को अखिल ने अपनी ओर ताकते पाया था। बहुत दिनों तक यह एहसास उसका पीछा करता रहा मगर जल्द ही अपने जीवन में मशगूल हो गया। उसी ढर्रे पर उसका जीवन चलता रहा। छोटे शहर की बनिस्बत यह शहर बड़ा तालाब था जहाँ जाल में फँसने वाली लड़कियों की संख्या अधिक थी। अच्छी नौकरी की बदौलत बेशुमार पैसा भी था तो कई और आसानियाँ

जुड़ गयी थीं। कुछ लड़कियाँ तो जान-बूझकर उसका इस्तेमाल करने करीब आती थीं। दोनों ओर के लोग कुछ दिन दावत उड़ाते और फिर अपने-अपने रास्ते चल देते। मगर कुछ लड़कियाँ ऐसी भी थीं जो उसे गरिया देतीं और कुछ उसकी असलियत जानने पर वो लताड़ पिलातीं कि कुछ दिनों तक वह छिपकर बैठा रहता। फिर भी उसने कुछ नहीं छोड़ा। आदत से मजबूर जो था।

साल-दर-साल बीतते गये। माँ-बाप के लाख चाहने पर भी उसने शादी नहीं की। फ़ेसबुक का स्टेटस अरसा बीत जाने पर भी सिंगल ही बना रहा। धीरे-धीरे जवानी साथ छोड़ने लगी। घरवाले भी गाँव में ही मर-खप गये। आदतों के चलते दोस्त कुछ खास बने नहीं। लड़कियों की जगह औरतों ने ले ली। मोटे-थुलथुल शरीर वाली और थके मन वाली औरतें। कोई मज़बूत सहारा तलाशती औरतें। पति-बच्चों के जंजाल में फँसी अपने लिए आज़ादी तलाशती औरतें। बिस्तर में कुछ नयापन तलाशती औरतें। अपने पति की काहिली से परेशान कुछ लुभावना तलाशती औरतें। पर वे भला क्या दे पातीं अखिल को। जो अनजान तृष्णा अखिल को इस भूल-भुलैया में भटका रही थी, उसे सींचने में ये रोगिणी मन की औरतें बिलकुल सक्षम नहीं थीं। उनके खोखले मनों से अखिल आतंकित हो उठता। इस आतंक को मिटाने के लिए स्वयं से आधी उम्र की लड़कियों की शरण में वह फिर गया। जीवन भर का अनुभव संचित कर वह अपने काम में अनुभवी हो गया था। हृदय जितना निर्मम हो गया था उतना ही अधिक वह बाहर से मुलायम प्रतीत होता था।

लेकिन जल्द ही अखिल थककर अपनी ही प्रकृति से ऊबने लगा। औरतें आहिस्ता-आहिस्ता उसे मांस का लोथड़ा प्रतीत होने लगी थीं। सबके अंग उसे एक-से लगते। धीरे-धीरे वह अंगों में भेद कर पाने योग्य भी नहीं रहा। कभी वह वक्षों को नितम्ब समझ चिकोटी भर लेता तो कभी नितम्बों को वक्ष समझ मुँह में भर लेता। उसकी प्रेमिकाएँ उसका साथ देने से कन्नी काटने लगीं।

वह अक्सर सबसे छिपकर किसी गहन अंधकार में भाग खड़ा होता। आस-पास जो स्तम्भ खड़े किये थे वे बेहद कमज़ोर निकले। थोड़ा वक्त बीतते ही सब ढह जाता...कोई उस अंधकार में प्रकाश न दे पाता। अपने मन के जाल में वह खुद ही उलझने लगा। एक घबराहट, बेचैनी सदा उसका पीछा करती रहती। कभी उसका मन होता गर्म दोपहर में नंगे पाँव सड़क पर दौड़ा चला

जाये और उसे रोकने को कोई उसके पीछे भागा आये। एक बार उसने ख़ाली सड़क पर यह कर के भी देखा पर पीछे से सिर्फ़ कुछ सुनसानों के हुहुआने की आवाज़ें आती रहीं। उस रोज़ उसे पीछे पलटकर देखने में भी घबराहट महसूस हुई थी। इसके बाद उसने सदा के लिए निर्जन सड़कों पर चलना छोड़ दिया।

कभी वह रात के किसी पहर मोमबत्ती जला अनजान भाषा के मंत्र पढ़ता हुआ किसी प्रेत का आह्वान करता। इस आस में कि प्रेम की गलियों में भटकता कोई प्रेत आ उसे इन अनचीन्हे प्रश्नों से मुक्ति दिला सके। क्या वह खुद कोई शापग्रस्त प्रेत था जो मनुष्य योनि में जन्म ले बैठा या किसी की बद्दुआ ही असर कर गयी।

वह सब भूलने लगा। आस-पास के लोगों को, अपने काम को, रास्तों को, घर को, खुद को भी। यहाँ तक कि नौकरी से इस्तीफ़ा दे देना पड़ा। हालात ज़्यादा खराब होने लगे तो डॉक्टर के पास गया। उसे साइकोलॉजिस्ट के पास रैफ़र कर दिया गया। उसे याद आया कि किसी जन्म में कोई उससे कहता था कि दिमाग के डॉक्टर को दिखा लो। कौन कहता था यह याद नहीं आया। सारी जाँच-पड़ताल होने के बाद पता लगा दिमाग के रसायनों में गज़ब की गड़बड़ी है। उसे अस्पताल में भर्ती कर लिया गया। कुछ दिनों तक बहुत-सी औरतें उसके पास आती रहीं। उनसे वो पूछता कि क्या किसी के बाल सुनहरे हैं। सब मना कर देतीं। फिर धीरे-धीरे सब भूल गये, कोई न आता। उसे किसी का इन्तज़ार भी नहीं था।

माया उसी शहर में थी जहाँ उसके साथ सिर्फ़ उसकी यादें थीं। असलियत मालूम होने के कुछ दिनों के बाद वह झटके से उठ खड़ी हुई। पत्थर की तरह सख़्त होकर उसने ज़िन्दगी की ओर रुख किया। कॉलेज खत्म कर नौकरी पाने के बाद उसे हर तरीके का आराम था लेकिन वह ज़िन्दगी की तरफ़ न लौट पायी।

सालों बाद भी वह अकेली थी कि किसी और को वह जगह देना मुमकिन नहीं था। धोखे का स्वाद अब भी मुँह कड़वा कर देता। कुंदन ने एक अच्छे दोस्त का कर्तव्य हमेशा पूरा किया। उन दिनों भी उसने बहुत समझाया था कि किसी को अपना ले पर वह जानती थी कि जो भी उसकी ज़िन्दगी में आयेगा उसके साथ न्याय नहीं कर पाएगी। अब इतने साल बीत जाने पर उसे अपना निर्णय उचित ही लगता है कि ज़ख्म अब भी उतने ही ताज़ा हैं और उदासी उतनी ही गहरी।

कुंदन और माया जब भी मिलते अखिल का ज़िक्र आ जाता। इतने वर्ष बीत जाने पर भी अखिल उनकी बातों में अपने पूरे दम-खम के साथ उपस्थित था। जहाँ कुंदन उसे गरियाते हुए याद करता, माया अक्सर खामोश रहती। एक दिन कुंदन अचानक आया और बोला, 'मैं न कहता था बुरे का अंजाम बुरा होता है।'

माया ने सवालिया निगाहों से उसे देखा तो उसने अखबार का पन्ना उसके आगे लहरा दिया जिसमें अखिल के ऑफ़िसवालों ने उसके बेहद बीमार होने की खबर छपवाई थी जिससे उसका कोई सम्बन्धी उससे मिलना चाहे तो मिल सके। कुंदन के हाथ से अखबार छीनकर पढ़ने लगी तो उसे साँसें रुकती हुईं महसूस हुईं। ऐसा तो उसने कभी नहीं चाहा था। इतने छल के बाद भी उसका प्रेम कभी कम नहीं हो सका था, वह चिंतित हो उठी। उसने कुंदन से अनुरोध किया कि एक दफ़ा मुम्बई जाकर अपने दोस्त को देख ले जिसे पहली बार सुनते ही उसने नकार दिया। इतने सालों बाद भी कुंदन उसे माफ़ नहीं कर पाया था। माया उदास हो उठी। अन्त में माया की खातिर वह अखिल से मिलने को तैयार हो गया। वह माया की भावनाओं का सम्मान करता था। अपने दोस्त के दिए धोखे की भरपाई जितनी कर सकता था करता था।

मुम्बई पहुँचकर अखिल के ऑफ़िस से पता लेकर जब अस्पताल पहुँचा तो अखिल ने उसे नहीं पहचाना। बस सुनहरे बालों वाली लड़की की बात करता रहा। कहा कि अगर वो जानता है तो उसे बुला दे। उसकी हालत देख कुंदन को दुःख हुआ पर भाग्य का इंसाफ़ जान किसी हद तक संतोष भी हुआ।

उसने माया को फ़ोन पर सब बताया। यह भी कहा कि किसी सुनहरे बालों वाली लड़की को याद करता है। सुनकर माया बहुत विचलित हो गयी और अगले ही दिन फ़्लाइट ले मुम्बई पहुँच गयी। कुंदन से पता लिया और अखिल से मिलने जा पहुँची।

उसके कमरे में जाते हुए उसका दिल वैसे ही काँप गया जैसे सालों पहले काँपा था। अखिल किसी बच्चे की तरह चम्मच हाथ में थामे उसे टुकुर-टुकुर देख रहा था। खाने के निवाले को यूँ रौंद रखा था ज्यों बनावट समझने की कवायद में किसी खिलौने को पुर्ज़ा-पुर्ज़ा कर दिया हो। अखिल इतने सालों

तक यही तो करता रहा...लड़कियों के साथ। सोचकर ही वह थरथरा गयी। उसे याद आया, अखिल ने एक बार कहा था कि उसे अस्पताल से बहुत डर लगता है। वह तो बच्चे भी घर पर चाहता था अस्पताल में नहीं। बच्चे होते तो उसी उम्र के होते जब वह पहली बार अखिल से मिली थी। स्मृतियों के दंश गहरे होते हैं। कुछ बातों को स्मृतियों में संजोने की बजाय मृत मान बिसरा देना जीवन को सरल बना देता है पर माया कब यह कर पायी! अजगर की तरह स्मृतियाँ उसे अपने पाश में कसकर चेतना शून्य कर पातीं इससे पहले ही वह वर्तमान में आ खड़ी हुई।

उसे देख अखिल ने फिर वही सवाल किया, 'क्या तुम सुनहरे बालों वाली लड़की को जानती हो?'

माया 'हाँ' कहना चाहती थी पर उसने 'न' में गर्दन हिला दी।

'अगर वह तुम्हें कहीं मिले तो उसे कहना मैंने उसे याद किया है...हमेशा करता रहा। सुनो, उससे यह भी पूछना कि मेरे बारे में सब जानकर भी वह मुझे क्यों चाहती रही।'

'तुम्हें कैसे पता है कि वह तुम्हें चाहती है?' माया ने तौलिये से उसके होंठ पोंछे तो हथेलियों पर उसके होंठों का पहला स्पर्श कौंध गया।

'मुझे पता है।' किसी बच्चे की तरह ठुनकते हुए अखिल बोला। फिर गम्भीरता ओढ़ कहने लगा, 'मेरे मन में आखिरी याद मुझे देखती हुई उसकी आँखें हैं। उन आँखों में नफ़रत नहीं थी। उसे कहना अगर मुझे प्यार करना आता होता तो मैं उसे ही चाहता' माया चौंक गयी। उसने अखिल को गौर से देखा। क्या वह सच कह रहा था? क्या बीमारी ने उसके गैर-संवेदनशील हिस्से को संवेदनाओं से युक्त कर दिया था? या बिसरा हुआ उसका स्वभाव किसी स्त्री को देख फिर जी उठा है? वह तय नहीं कर पायी कि इस पुरुष की बातों को सच मान संचित की हुई पीड़ा का त्याग कर दे या इस स्वीकारोक्ति पर एक नया संताप पाल ले। नहीं अब वह किसी नये दुःख को अपने जीवन में स्थान नहीं दे सकती। माया ने एक सुनहरा बाल उसके सिरहाने रखा और गहरी नींद में जा पहुँचे अखिल के माथे पर चुम्बन जड़ अपने अतीत को सँभाले वहाँ से चली गयी।

प्यार की कीमिया

चमकीली रोशनियों से गुलज़ार सड़क के एक कोने में काँसे-सी आँखों वाला एल्फ्रेड सिर हिलाता हुआ क्लेरीनेट (शहनाई) बजा रहा था। साथ-साथ कोई अंग्रेज़ी गीत भी गाता जा रहा था। धुन और गीत कभी आगे-पीछे हो जाते तो वह झेंपकर हँस देता। संगीत से नाता अभी नया था। गाहे-बगाहे आते-जाते लोग ठिठककर एक नज़र उस पर डाल देते। कभी कोई उसकी तरफ़ सिक्का उछाल देता तो वह मुस्कुराते हुए अपनी हैट उतार उसका अभिवादन कर देता। हैट उतारते ही उसके घुँघराले बाल नुमायाँ हो जाते।

ये बाल क्लारा को खूब पसन्द हुआ करते थे। इनमें अपनी अँगुलियाँ फँसा वह देर तक खेला करती। छल्लेनुमा इन बालों की तुलना अक्सर वह सिगरेट के धुएँ के छल्लों से करती और फिर खुद ही ऐसी बेढब तुलना पर हँस देती। उसकी हँसी प्यारी थी। समंदर किनारे पाई जाने वाली हवा की तरह...नमी और नमक लिये हुए। सिर पीछे झटककर वह हँसती तो एल्फ्रेड का मन होता उभरी हुई नस को अपनी जीभ से सहला दे।

इन्हीं रंगीन गलियों के मुहाने पर मिली थी क्लारा उसे। कई महीनों पहले एल्फ्रेड उससे अपने होटल का रास्ता पूछने के लिए ठीक इसी जगह रुका था जहाँ वह इस वक्त क्लेरीनेट बजा रहा था। बड़ा-सा पिट्ठू बैग अपनी पीठ पर लादे वह कितनी देर से भटक रहा था। टैक्सीवाला तो उसे सड़क किनारे उतारकर चला गया था कि अन्दर उस सड़क पर गाड़ी ले जाने की मनाही थी। उसे होटल का पता दिखाया तो वह उसी तरह सिर झटककर हँसने लगी थी। तब पहली बार उभरी हुई उस नस को चूमने को उसका दिल चाहा था पर अजनबी शहर में एक अजनबी लड़की के साथ ऐसी हिमाकत करने की

अपनी इच्छा उसने वहीं दबा दी। हँसते-हँसते ही उसने सामने की ओर इशारा किया तो उसके होटल का नाम लाल-हरे रंग में जगमगा रहा था। वह भी हँस पड़ा और उसे धन्यवाद दे आगे बढ़ गया। कुछ कदम चल पीछे मुड़कर देखा तो वह कमर पर हाथ रखे किसी आदमी के साथ उलझी हुई थी। शायद कुछ मोल-भाव कर रही थी। क्या वह भी वही काम करती थी जिसके लिए लास वेगास की गलियाँ मशहूर हैं? पर उसे अचम्भा क्यों हो रहा था। हर्ज़ ही क्या था अगर वह ये काम करती भी थी। वह खुद भी तो यहाँ इसी रंगीनियत के मज़े लेने आया था।

कॉलेज खत्म होने के बाद पहला खयाल जो मन में आया वह यही था कि दुनिया घूमी जाये और यह शहर मन में तब से बसा हुआ था जब से उसने ग्लोब देखा था। वह अपना सामान बाँधकर निकल पड़ा। खूबसूरती और चकाचौंध यहाँ कदम-कदम पर बिखरी हुई थी। यहाँ पैसे देकर हर चीज़ खरीदी जा सकती थी और पहली चीज़ जो उसे पसन्द आयी वह क्लारा थी। मन हुआ पीछे लौट चले और उसे ले आये अपने साथ पर न जाने क्यों मन ने उसका मोल लगाने से इनकार कर दिया।

वह तब तक वहीं खड़ा रहा जब तक क्लारा अपने ग्राहक का हाथ थामे उसकी तरफ़ मुस्कान फेंकती हुई वहाँ से चली नहीं गयी। वह मन मसोसकर आगे बढ़ गया।

होटल में चेक-इन के बाद ताज़ा-दम होकर वह खाने के लिए नीचे आया तो सारंगी जैसी खिलखिलाहट फिर उसके कानों में पड़ी। मुड़कर देखने पर पाया कि क्लारा किसी एफ़्रीकन के साथ बैठकर ठहाके लगा रही थी। यह तो वह नहीं जिसके साथ वहाँ से गयी थी। तो क्या इतनी जल्दी उसने अपना पार्टनर बदल लिया। उसने सोचा कि उस लम्बे काले आदमी के साथ वह बिस्तर में कैसी दिखेगी और उसी पल उसने सोचा कि क्यों न ज़्यादा कीमत देकर उसे अपने कमरे में ले जाये पर तब तक क्लारा जा चुकी थी। उसे अपनी नसों के सिरे उद्दीप्त होते प्रतीत हुए लेकिन फिर अपनी इस अवस्था पर स्वयं ही अचरज में पड़ गया। उसने जल्दी इन अजनबी विचारों को एक किनारे कर खाना ऑर्डर किया।

वोदका से गला तर करते हुए वह शहर का नक्शा सामने रख योजना

बना रहा था कि आज रात क्या किया जाये? होटल के कमरे में रुककर थकान उतारी जाये या शहर का मुआयना कर लिया जाये। परन्तु उसने खुद में रात्रि-जागरण की ऊर्जा शेष नहीं पायी लिहाज़ा शहर को टटोलने का काम कल पर टाल खाना खाकर वह कमरे में आ गया।

एल्फ्रेड का फ़लसफ़ा था अगर किसी शहर में अन्तरंग दिन बिताने हैं और किसी शहर को भीतर से जानना है तो होटल के कमरों का सुख छोड़ वहाँ के बाशिंदों के बीच रहना चाहिए। किसी शहर की नस पकड़ने के लिए उस शहर के साथ घुल-मिल जाना चाहिए। वह मानता था बैग में सामान हो न हो, जेब में रुपये हों न हों, नयी जगह जाने पर बस वक्त की कमी न हो। वह पर्यटक के तौर पर नहीं, यात्री बनकर निकला था इसलिए उसके भ्रमण की कोई रूपरेखा नहीं थी। पैसे भी वो आवश्यकताभर के लेकर आया था। अपने समवयस्क मित्रों की भाँति वह अपने शौक का भार अपने परिवार पर नहीं डालना चाहता था। विश्वास से भरा एल्फ्रेड नये अनुभवों के लिए सदा तत्पर रहता था। उसे यकीन था कि जिस देश की ओर रुख करेगा वह देश स्वागत में अपनी बाँहें खोल देगा। अपने दायित्वों का सदा निर्वाह करने वाले एल्फ्रेड को स्वयं पर भरोसा था कि ज़रूरतभर का तो कमा लेगा। सो सुबह अपनी यात्रा आरम्भ करने के लिए अव्वल तो उसे टिकने के लिए कोई सस्ता-सा कमरा देखना होगा और फिर शुरू होगी किसी छोटे-मोटे काम की तलाश।

एक सँकरी गली दीवारों से ठसाठस भरी हुई थी। कुछ दीवारों के जुड़ जाने से कमरे जैसे ढाँचों की रचना हो रही थी। वहाँ ऐसी घुप्प शान्ति थी मानो कोई रहता ही न हो। गंदगी नहीं थी पर उस स्थान को साफ़ भी नहीं कहा जा सकता था। कुछ-कुछ दूरी पर ठेलेनुमा स्टॉल्स थे जो शायद दिन गये चालू होते होंगे। वहाँ पहुँचकर अचरज से हर चीज़ को टोहता हुआ वह सोच रहा था कि यहाँ क्यों आया है? उससे बेहतर जगह लेने में वह समर्थ था। कोई सस्ता अपार्टमेंट भी किराये पर लिया जा सकता था पर एल्फ्रेड खड़ा था धंधा करने वाली औरतों की बस्ती में।

सुबह तैयार होकर वह निकला तो क्लारा भी होटल से निकल रही थी। वह पैदल थी तो एल्फ्रेड भी उसके पीछे-पीछे चल पड़ा। होटल से दो गली पीछे ही वह बस्ती थी। लास वेगास जैसे शहर में भी ऐसी जगहें होती हैं।

बड़े से बड़ा शहर इन पैबन्दों से नहीं बच पाता। यूँ यहाँ की कॉल गर्ल्स पाँच सितारा वाली आरामदायक ज़िन्दगी भी जीती हैं लेकिन वे दूसरे तबक़े की होती हैं। इनके पेशे में भी आम लोगों की तरह अलग-अलग श्रेणियाँ होती हैं। वे पैदल सफ़र नहीं करतीं...लाने ले-जाने को लिमोजीन वाले शोफ़र्स होते हैं और रहने के लिए शहर के बाहर बड़े अपार्टमेंट। ये अक्सर किसी बड़े होर-हाउस (वेश्यालय) के लिए काम करती हैं जहाँ काम पाने के लिए कई परीक्षणों और साक्षात्कारों से इन्हें गुज़रना पड़ता है। उसी होर-हाउस के आलीशान कमरों में ये अपनी सर्विस देती हैं जहाँ के बाथरूम तक गुलाब की खुशबुओं में महकते हैं। अपने ग्राहक को खुशबुओं में डुबोकर रगड़-रगड़ कर नहलाने के बाद ही ये उनके साथ बिस्तर पर जाती हैं। अपने पेशे को खूबसूरत बनाना ये बहुत अच्छी तरह से जानती हैं और प्रचलित गलतफ़हमी के विपरीत ये मजबूर न होकर, आत्मविश्वास से भरी औरतें होती हैं जिन्होंने जिस्म को एक कमोडिटी की तरह बखूबी इस्तेमाल करना सीख लिया है। अमीर लोग इन्हें एस्कॉर्ट्स बनाकर भी ले जाते हैं और इनके छुट्टीवाले दिन अक्सर वहाँ के मशहूर गोल्फ़ क्लब में गुज़रते हैं।

इसके विपरीत एक यह बस्ती थी। आम लोगों के लिए आम वेश्याओं की बस्ती। हाई क्लास कॉल गर्ल्स के मुकाबले सस्ती औरतें जिनके लिए यह पेशा पेट पालने का मुख्य साधन है। ये ग्राहक के साथ उनके होटल के कमरों तक जाती थीं और जितनी जल्दी हो निकल आती थीं। इनका मूल्य घंटों के हिसाब से तय होता था। एक रात में अधिक-से-अधिक ग्राहक बना सकें यही इनका मुख्य उद्देश्य हुआ करता। इनमें से कुछ, क्लबों में काम करने वाली पोल डांसर भी हुआ करती हैं और कुछ सड़क किनारे से ही ये धंधा चलाती हैं। यूँ आत्मविश्वास की इनमें भी कमी नहीं पर ज़िन्दगी की जद्दोजहद में बाकी सब हाशिये पर खिसक आता है। जिस्म में गरमाई रहने तक ये खूब सारा पैसा कमा लेना चाहती हैं जिससे अपने परिवार को बेहतर भविष्य दे सकें। हाँ इनमें से अधिकतर औरतों के परिवार हैं। ग्राहक के पास से लौटकर वे यहीं आती हैं, अपने दड़बेनुमा घरों में।

ऐसी ही एक गली में क्लारा अपने सैंडल खटकाती हुई चली जा रही थी। उसके सैंडल की आवाज़ वहाँ की निःस्तब्धता तोड़ रही थी। क्लारा को

यकायक आभास हुआ कि उसके पीछे कोई चला आ रहा है। पलटकर देखने पर एल्फ़्रेड था...पीठ पर अपना पिट्ठू बस्ता लटकाए।

'अरे तुम? क्या तुम्हें अभी तक तुम्हारा होटल नहीं मिला? या सारे पैसे कसिनो में हार गये और वहाँ से निकाल दिए गये हो?' कहते हुए वह अपनी चिरपरिचित अदा में हँस दी। एल्फ़्रेड दायीं ओर देखने लगा। वह जानता था क्लारा को ऐसे हँसता देख उसकी इच्छा फिर बलवती होने लगेगी।

क्लारा ने कितने लोग ऐसे देखे थे जो आते ही अपना सब कुछ गैंबलिंग में हार बैठते और फिर यहाँ की गलियों के चक्कर काटते-फिरते थे। वीज़ा खत्म होने पर सरकार उन्हें लगभग धक्का दे देने वाले अन्दाज़ में उनके देश वापस भिजवाती थी।

कुछ लोग ऐसे भी होते जो इस पेशे में आने को लालायित होते पर यहाँ भी तगड़ी स्पर्धा थी। नये आनेवालों को बाहर से ही धकिया दिया जाता था पर अन्त तक डटे रहनेवालों को धीरे-धीरे अपना भी लिया जाता। खुद क्लारा को ही कितनी मुश्किलें उठानी पड़ी थीं। लाइसेंस लेने से लेकर ग्राहक पटाने और एक कमरे का जुगाड़ करने तक उसे सैकड़ों उठा-पटक का सामना करना पड़ा था।

और कुछ जो इन पर रिसर्च करने आते, वे इनके साथ ही रहना पसन्द करते। क्लारा शुरू-शुरू में ऐसे लोगों को सहयोग देती पर बाहर से आये लोग कुछ दिन देखकर इस दुनिया को कदापि नहीं समझ सकते। ऊल-जुलूल सवाल, उनकी अपनी धारणाएँ और उन धारणाओं को इन लोगों के ऊपर थोपने की ज़बर्दस्ती। उनकी उत्सुकता और सवाल जल्द ही क्लारा को उबाऊ महसूस होने लगे। अब वह इन लोगों को क्या समझाए कि पैसा कमाने के लिए वह यही काम क्यों करती है और यह काम करते हुए किसी अपराधबोध से क्यों नहीं भर जाती। इन आवश्यकताओं का बाज़ार उसने तो बनाया नहीं है, वह पहले से मौजूद है। उसने सिर्फ़ यह तय किया कि वह लोगों की इन ज़रूरतों को पूरा करेगी और बदले में अच्छी-खासी रकम भी तो मिलती है। ये पैसे हाथ न आयें तो वह अपने बूढ़े होते माँ-बाप को क्या भेजेगी और अपनी पढ़ाई का खर्च कैसे उठाएगी। शुरू में उसे झिझक होती थी पर अब किसी फ़ॉर्म में प्रश्नोत्तर भरते समय काम की बाबत पूछे जाने पर वह बेहिचक लिखती है

कॉल गर्ल। खरीदनेवाले नहीं लजाते तो बेचनेवालों को क्या शर्म। और फिर यहाँ तो यह क़ानून-सम्मत है। सारी अर्थव्यवस्था ही इस पर टिकी है। यह कोई इतनी बुरी बात भी नहीं जितना बाहर के लोग इसे समझते हैं। और अब तो मर्द भी यह काम करने लगे हैं। 'कहीं ये घुँघराले बालों वाला लड़का भी तो इसीलिए नहीं आया?' क्लारा ने ऊपर से नीचे तक उसका मुआयना करते हुए सोचा। 'लड़कियाँ इसे पसन्द तो करेंगी। बिलकुल भोला-सा लगता है।' और ख़ुद की ही सोच पर मुसकरा उठी।

'मेरा नाम एल्फ्रेड है, बाल्टिमोर से आया हूँ। मुझे रहने के लिए कोई सस्ती जगह चाहिए।' क्लारा को अपनी ओर यूँ देखता पा एल्फ़्रेड सकपका गया।

'अच्छा! क्या तुम्हें यहाँ अपार्टमेंट नज़र आ रहे हैं? तुम्हारा होटल क्या हुआ? सच बोलो।' क्लारा सख़्ती से उसे डाँटती हुई बोली।

'मैं सच कह रहा हूँ। मुझे रहने की जगह और एक नौकरी भी चाहिए,' क्लारा की सख़्त आवाज़ सुन एल्फ़्रेड हड़बड़ाहट से भर गया था।

'यहाँ सरकारी दफ़्तरों के साइनबोर्ड लगे हुए दिख रहे हैं जो तुम यहाँ नौकरी ढूँढने आ पहुँचे हो?' कमर पर दोनों हाथ रखे क्लारा किसी झगड़ालू औरत-सी प्रतीत हो रही थी।

'नहीं आप गलत समझ रही हैं। दरअसल मैं शहर घूमना चाहता हूँ।'

'अच्छा, तुम इसे एम्यूज़्मेंट पार्क समझकर आ गये हो?' वह भौंहें तरेरते हुए कहने लगी, 'ठीक-ठीक बोलो क्या बात है? धंधा करना है, रिसर्च करनी है या मुफ़्त में लड़की चाहिए?' अब तक एल्फ़्रेड की घबराहट के मज़े ले रही क्लारा को वाकई गुस्सा आ गया था।

'नहीं इनमें से कुछ भी नहीं, बस रहने की जगह चाहिए। मैं शहर को शहर के लोगों के बीच रहकर देखना चाहता हूँ, होटल के कमरों में नहीं। कुछ दिन रहूँगा फिर आगे चल दूँगा। वहाँ पर भी ऐसा ही करूँगा,' अन्ततः एल्फ़्रेड अपनी झिझक पर काबू पा स्पष्ट रूप से कुछ कह पाया।

क्लारा उसकी बात सुन मन ही मन हिसाब लगाने लगी कि जिस कमरे के वह हर महीने सौ डॉलर देती है इसको अपने साथ रख किराया लेने पर कुछ पैसे बचेंगे और वह सेशन एंड पर होने वाली कॉलेज ट्रिप पर जाने के लिए कुछ जमा कर पायेगी।

'ठीक है, चलो मेरे साथ। तुम मेरे साथ रह सकते हो पर तुम्हें एक महीने के सौ डॉलर देने होंगे। साथ ही सफ़ाई का ज़िम्मा भी तुम्हारा होगा क्योंकि मुझे वक्त नहीं मिलता,' क्लारा ने जल्दी-जल्दी अपनी शर्तें उगल दीं। कॉलेज ट्रिप पर जाने की सम्भावना ने उसे प्रसन्नता से भर दिया था।

'ठीक है,' मुसकराता हुआ एल्फ्रेड बोला।

'ज़रा जल्दी चलो मुझे कॉलेज भी जाना है।'

'क्या पढ़ती हो कॉलेज में?' क्लारा के स्वर में कितना प्रभुत्व है सोचते हुए एल्फ्रेड ने क्लारा से सवाल पूछा।

'कॉलेज ऑफ़ सदर्न नवाडा में फ़िलॉसफ़ी पढ़ती हूँ।' बाद के दिनों में एल्फ्रेड ने सोचा था कि उसे आश्चर्य हुआ था या वह प्रभावित हुआ था। शायद दोनों ही बातें थीं।

कुछ कदम चलकर क्लारा का अपार्टमेंट आ गया। उसका स्टूडियो पहली मंज़िल पर था। छोटा-सा कमरा जहाँ एक तरफ़ पलंग था जिस पर कपड़ों का ढेर लगा हुआ था। उनमें कुछ शायद उसके काम वाली जगह पर पहने जाने वाले थे। साथ वाली मेज़ पर किताबों का जमावड़ा था। विरोधाभास का ऐसा नज़ारा देख वह मन-ही-मन मुस्कुरा पड़ा। दीवार जहाँ खत्म होती है वहाँ पहली नज़र में न दीख पड़ने वाला एक छोटा-सा दरवाज़ा था। वहाँ से भीतर जाने पर एक छोटी पैंट्री थी जहाँ चाहने पर चाय, कॉफ़ी या सैंडविच बनाये जा सकते हैं पर क्लारा ने उसका उपयोग सामान भरने के लिए कर रखा था। बिलकुल सामने एक छोटी-सी बालकनी और उसके बगल में बाथरूम की व्यवस्था। कुल मिलाकर एक व्यक्ति के लिए बढ़िया जगह थी।

वह एक वेश्या के कमरे में खड़ा है इस खयाल से उसे रोमांच हो आया। ऐसा नहीं कि वह पहले कभी किसी के साथ सोया नहीं। कॉलेज में उसकी कई प्रेमिकाएँ रह चुकी थीं। एडवेंचर के लिए दोस्तों के साथ पेशेवर लड़कियों के पास भी गया था। पर ऐसी किसी लड़की के निजी जीवन में झाँकने का उसका यह पहला अवसर था। क्लारा उसे अच्छी लगी थी और दिलचस्प भी।

जीन्स, टी-शर्ट के नीचे स्नीकर्स पहने जब वह कॉलेज के लिए निकली तो निहायत ही आम लड़की लग रही थी। फिर अपना ही विचार उसे अटपटा लगा। वेश्या क्या सामान्य लड़की नहीं कि उसे यह सब करने का अधिकार

नहीं? क्लारा का सामान एक ओर करते हुए कांडॉम्स के कई पैकेट नीचे गिर पड़े। उनको उठाते हुए देखा दुनिया भर के फ़्लेवर वहाँ मौजूद थे। साथ-ही-साथ कई तरह के स्प्रे थे। सबको सँभालकर रखा ही था कि एक किट खुलकर गिर पड़ी रंग-बिरंगी बॉल्स, मसाजर्स और क्लैंप्स की एक अलग दुनिया वहाँ से झाँक रही थी। सामनेवाली अलमारी में उसने सारा सामान समेटकर रखा। अलमारी भी किसी नुमाइशघर से कम न थी। लगभग हर रंग की जी-स्ट्रिंग्स वहाँ लटक रही थीं। एक तरफ़ हाई हील्स बूट्स सजे हुए थे। दूसरे कोने में अलग-अलग तरह की स्ट्रैप ऑन बेल्ट्स टँगी हुई थीं। उसने सुधार किया कि वेश्या होती तो सामान्य लड़की ही है पर हर सामान्य लड़की के पास ये चीज़ें नहीं पायी जातीं। वह मुस्कुराता हुआ कमरे को अपने रहने लायक बनाने के अभियान में जुट गया।

दोपहर को क्लारा लौटी तो कमरे को नये रूप में देख खुश हो उठी। कमरे को इस तरह व्यवस्थित कर दिया गया था कि एक गद्दा बिछाने की जगह सायास ही वहाँ निकल आयी थी। उसके कपड़े, किताबें सब तरतीब से जमे हुए थे। कपड़े की एक मूवेबल अलमारी में एल्फ़्रेड का सामान जमा हुआ था। और खुद एल्फ़्रेड बाहर बालकनी में कुछ फूलों वाले पौधे सजा रहा था।

'कोई काम खोजा कि पूरा दिन आज यहीं बिता दिया? याद है न किराया एडवांस में देना होता है,' बिस्तर पर पसरते हुए क्लारा ने सवाल दागा।

'हाँ भई, सब याद है। काम भी ढूँढ लूँगा। रात में जागने वाला शहर है तो ज़ाहिर है काम भी रात में मिलेगा,' पौधों को पानी देते हुए वह इत्मीनान से बोला।

'तुम रात को मेरे साथ चलना। अभी सो रही हूँ...बहुत थक गयी हूँ।' कहते-कहते ही वह ऊँघने लगी।

रात को तैयार होकर क्लारा निकली तो जैसे कोई और प्रतीत हो रही थी। सुबह वाली क्लारा से बिलकुल उलट। सिर से पाँव तक काले कोट से ढकी और होंठों पर सुर्ख लाली। कपड़े शायद नाम-मात्र के रहे होंगे इसीलिए ऊपर से ओवरकोट डाला था। ऊँची पेंसिल हील्स पहनने से उसकी देह के उभार और स्पष्ट हो गये थे।

'हफ़्ते में दो दिन मैं जिस क्लब में डांस करती हूँ वहाँ किचन स्टाफ़

की ज़रूरत है। चाहो तो तुम्हारे लिए वहाँ बात कर सकती हूँ। बिना जान-पहचान के यहाँ सरलता से काम नहीं मिलता और तुम्हारे पास तो लाइसेंस भी नहीं। मेरे कहने पर वह तुम्हें रख लेगा। हल्के-फुल्के स्नैक्स तैयार करने होते हैं और कुछ कॉकटेल्स। एक-दो दिन की ट्रेनिंग के बाद इतना करने के काबिल तो हो ही जाओगे।'

क्लारा ने सब कुछ अपने-आप तय कर लिया। एल्फ्रेड अचंभित भी था और खुश भी। कभी-कभी अपने जीवन की बागडोर किसी के हाथ सौंप देने में उल्लास होता है। व्यस्त जीवन में कुछ बेफ़िक्र क्षण ऐसे प्रतीत होते हैं जैसे अपने ही जीवन से चंद रोज़ का अवकाश मिला हो।

'तुम डांस भी करती हो? मुझे लगा सिर्फ़...।'

'हाँ सप्ताहांत पर एक क्लब में नाच दिखाती हूँ। यूँ इन दो दिनों में ग्राहक अपेक्षाकृत अधिक होते हैं,' व्यंग्य भरी हँसी हँसते हुए वह कह रही थी। 'प्राकृतिक कामों को भी लोगों ने दिनों में बाँट दिया है। जितनी भीड़ सप्ताह भर नहीं जुटती उससे अधिक लोग सप्ताहांत पर अपनी भूख के लिए खाना खोजते यहाँ आ पहुँचते हैं। पर मुझे रविवार सुबह जल्दी उठना होता है इसलिए अधिक का लोभ छोड़ देती हूँ। हर रविवार मैं लोगों की गाइड बनकर उन्हें शहर के 'वॉकिंग टूर' पर ले जाती हूँ। हम बंजारों की तरह दिनभर शहर में भटकते हैं और मैं हर कोने से जुड़ी कहानियाँ सुनाती जाती हूँ। मैं अधिकतर काम पैसों के लिए करती हूँ। तुम्हें अपने साथ रखना भी उसी का एक हिस्सा है। पर लोगों को घुमाना...यह मैं अपने शौक के लिए करती हूँ। मुझे घूमना पसन्द है और अलग-अलग मिज़ाज के लोगों से मिलना भी।' वह सिगरेट के कश लगाती हुई चली जा रही थी। 'यूँ हर रात नये आदमी से मुलाकात होती है पर वह मिलना अलग होता है। अपने जिस्म और रूह पर के कपड़े उतारे हुए नंगा आदमी मुझे आकर्षित नहीं करता। उन्हें लगता है जैसे अपनी हर बात मुझ पर उड़ेल देनेभर से वे मुक्त हो जायेंगे। कुछ तो अपने जीवन के बड़े-बड़े रहस्य तक बता देते हैं और मैं अंधे गड्ढे की तरह सब कुछ समेटे चली जाती हूँ। सम्भवतः वे लोग मुझे किन्हीं अलौलिक शक्तियों से युक्त स्त्री समझते होंगे जिसके धीरज के तटबंध कभी नहीं ढहते और इसलिए वे देह और मन दोनों स्तरों पर मुझसे अधिक अपेक्षा कर बैठते हैं।

अब उस समय में गोते लगाने पर उसे समझ नहीं आता कि कौन-सा वक्त था जब वह पहली बार उसकी तरफ़ आकर्षित हुआ था। पहली बार देखते ही या उसे धीरे-धीरे जानते हुए। जो भी हो पर जैसे-जैसे क्लारा के व्यक्तित्व की भीतरी परतों को वह जान रहा था यह आकर्षण प्रतिक्षण बढ़ता चला गया था। उसमें ऐसा क्या था जो वह उसके साथ रहने ही जा पहुँचा था। आकर्षण के कौन-से सिद्धांत ने तब काम किया था उसे अब तक ज्ञात नहीं पर कोई गहरी रासायनिक क्रिया मन के गहन में ज़रूर सम्पन्न हुई थी।

उस रात उसे उसी क्लब में नौकरी मिल गयी थी और क्लारा का स्ट्रिपटीज़ (कैबरे) देखते हुए उसे न जुगुप्सा हुई और न ही कोई इच्छा मन में जागी। वह उसे कला का नमूना-मात्र लगी थी। पोल पर बल खाती हुई, चरम पर जाते संगीत के साथ अपना एक-एक कपड़ा उतार फेंकती हुई, देह को खूबसूरत लचक के साथ थिरकाती हुई, कला का उत्कृष्ट नमूना। उसे क्लब में बैठे सभी लोग क्लारा से उतने ही प्रभावित लगे जितना वह स्वयं महसूस कर रहा था। बाद में क्लारा को उसने यह बताया तो वह हँसते-हँसते दुहरी हो गयी थी। उसने कहा था कि वहाँ लोग देह की भूल-भुलैया में खोने आते हैं, कला के नमूने देखने नहीं। उनके लिए सब लड़कियाँ एक जैसी होती हैं... जिस्म से उठकर चेहरे तक निगाह शायद ही कभी जाती हो। एल्फ्रेड ने यह सच स्वीकार लिया परन्तु अपने मन में क्लारा को अपवाद की तरह धारण कर लिया था।

एल्फ्रेड का जीवन द्रुत गति से भाग रहा था अथवा अपनी धुरी से उतर गया था, उसे स्वयं ज्ञात नहीं परन्तु वह इस नये जीवन का आदी हो चला था और इसमें रचने-बसने लगा था। दिनभर शहर की खाक छानना, शाम ढले सोना और रात को क्लब में ड्रिंक्स तैयार करना...वह इसमें इतना प्रसन्न था कि वह यहाँ कितने समय के लिए है और आगे उसे कहाँ जाना है यह सोचना लगभग छोड़ चुका था। उसे लगता था जैसे वह सदा से यहीं रहता आया है। क्लारा की उपस्थिति उसे उल्लास से भर देती थी। थोड़े-से क्षण जो क्लारा के व्यस्त कार्यकलापों के बीच उन्हें संग के मिलते, उसे सबसे जीवंत लगते थे। क्लारा भी उसके प्रति उदार हो चली थी और उनके मध्य घनिष्ठता बढ़ने लगी थी। क्लारा उम्मीद रखने लगी थी कि उसके कॉलेज से लौटने पर वे

दोनों साथ लंच करेंगे और एल्फ्रेड जानता था कि रात को क्लब का वक्त होने पर क्लारा उसे नींद से जगा देगी। इसी निर्भरता ने उन्हें एक-दूसरे का अच्छा मित्र बना दिया था।

एक रोज़ क्लारा अपने साथ क्लेरीनेट लेती आयी। बच्चों-सी निर्मलता से वह अल्फ्रेड को बताने लगी कि कल उसका ग्राहक एक संगीतज्ञ था। कितने ही वाद्यों के नाम लेता रहा। फिर कहने लगा, 'तुम्हारे और क्लेरीनेट के नाम में कितना साम्य है। एक में फूँकभर मारने से स्वर लहरियाँ निकलती हैं। ऐसे ही तुम हो...हाथ लगाते ही तुम्हारे चारों ओर संगीत बिखर जाता है। साज़ कोई भी हो, उसका साथ मुझे सुख देता है।' क्लेरीनेट को परखते हुए क्लारा बोली, 'जानते हो वह रात भर मुझे संगीत की बारीकियाँ सिखाता रहा। थोड़ा अटपटा था पर मज़ेदार था। उसकी बातों का इतना असर हुआ कि मुझे महसूस हुआ कि एक साज़ बजाना तो अवश्य ही आना चाहिए। क्यों न इसे ही सीख लिया जाये।'

'हाँ बात तो ठीक है। तुम सीख लो फिर मुझे भी सिखाना।' उसके उल्लास से एल्फ्रेड आह्लादित होते हुए बोला। सुनकर वह हँसने लगी।

उसे हँसता देख एल्फ्रेड पुनः गर्दन पर उभरी नस के तिलिस्म में डूबने लगा। इसी तिलिस्म में वह उससे पूछ बैठा, 'क्या तुमसे कभी किसी को प्रेम नहीं हुआ?'

'हर रात कोई मुझसे प्रेम करने का दावा करता है,' क्लारा ने आहिस्ता से कहा।

'ऐसा प्रेम नहीं। तुम्हारा कोई प्रेमी रहा है कभी?' आज एल्फ्रेड उन घेरों के पार छिपे प्रश्नों के उत्तर प्राप्त कर लेना चाहता था।

'एक हुआ करता था कुछ साल पहले तक,' क्लारा ने वाद्य-यन्त्र खुद से सटा लिया था।

'फिर?'

'वह मुझे सिर्फ़ एक जिस्म समझता था। मैं वेश्या हूँ, यह मुझसे ज़्यादा वह मानने लगा था। वह चाहता था मैं हर समय उसके लिए उपलब्ध रहूँ। ऐसा सुख तो मुझे हर रात मिलता रहा है,' क्लेरीनेट के माउथ-पीस पर आहिस्ता-से फूँक मारते हुए क्लारा फुसफुसाई। फिर बाजे को मुँह से लगाकर एक धुन

छेड़ दी जो सुर में न होते हुए भी सुनने में मधुर थी। एल्फ़्रेड सुखद आश्चर्य से भर उठा कि एक रात में उसे इतना कुछ आ गया। कुछ देर उसकी चेष्टाओं को देखने के बाद उसने पूछा, 'क्या तुम्हें सचमुच दैहिक सुख मिलता है?' एक भय था कि क्लारा के मन को अपने प्रश्नों से चोटिल न कर दे पर उसके मन की भीतरी तहों को स्पर्श कर पाने का लोभ-संवरण आज वह नहीं कर पा रहा था।

'असल सुख क्या होता है यह मैंने कभी नहीं जाना। मन के प्रेम के बाद जो शारीरिक संसर्ग होता है उसका अनुभव मैंने कभी नहीं किया। मन और देह एक लय में गा सकें और एक ताल में थिरक सकें ऐसा मेरे साथ कभी नहीं हुआ। मेरे लिए हमेशा यह एक काम ही रहा। पुरुष हर रात आते हैं, अपने जिस्म और मन मेरे ऊपर आक्षेपित कर चले जाते हैं,' एल्फ़्रेड की आँखों में आँखें डाले वह कह रही थी। 'वह भी इसी कार्य को आगे बढ़ाता रहा। स्त्री तो क्या वह मुझे मनुष्य भी नहीं समझ पाया। उससे बेहतर तो मेरे ग्राहक होते हैं जो एक रात के लिए सही प्रेम करने का दंभ भरते हैं पर मुझे कभी प्रेम नहीं हुआ और न ही कोई मेरे प्रेम में पड़ा।' फिर गर्दन तिरछी कर अपने विशिष्ट अन्दाज़ में मुस्कुराकर बोली, 'लेकिन तुम मुझे ज़रा अलग लगे। कितने दिन हुए आते पर तुमने मुझे छूने की कोशिश भी न की, क्यों?'

यह सत्य का क्षण था। असत्य कहना न सम्भव था न उचित। 'सच कहूँ तो यह इच्छा मन में कई बार जागी पर जैसे-जैसे तुम्हें जानता गया यह कामना नेपथ्य में चली गयी और शेष भावनाएँ पहली पंक्ति में क्रमबद्ध होती चली गयीं। मन में कुछ आया पर तुम्हें कहने का साहस न हुआ कि...।'

'कि मैं समझ न पाऊँगी? बहुत गहरी न सही पर इतनी सतही भी नहीं मैं। स्त्री मन सब कुछ समझने में सक्षम होता है। पुरुष की निगाहें वह क्षण-भर में भाँप जाती हैं। जब तुमने मुझे पहली बार देखा था तो वह दृष्टि किसी खरीदार की नहीं लगी थी।' उसकी आँखों में देखते हुए वह फिर बोली, 'एक बात बताओ, मुझे प्रेम करते हुए कभी तुम्हारे मन में वितृष्णा नहीं जागेगी कि असंख्य बार छुई देह को तुम छू रहे हो?'

'मेरे लिए प्रेम और देह दो अलग बातें हैं। अगर घृणा ही जागनी होती तो क्या मैं यहाँ होता, तुम्हारे पास? अगर देह का मूल्य लगाकर उसे छुआ जा

सकता है तो क्या उसमें रहने वाले हृदय को जानकर उससे प्रेम नहीं किया जा सकता?' उसके शब्दों से क्लारा चौंक गयी थी।

फिर उस रात क्लारा ने एल्फ्रेड को प्रेम किया था। उसने पहली बार किसी को प्रेम किया था। उस रात एल्फ्रेड ने भी पहली बार जाना कि दोनों तरफ़ से बहता हुआ प्रेम का निर्बाध झरना इस क्रीड़ा को कितना रुचिकर बना देता है। चरम तक पहुँचना जहाँ ध्येय नहीं रह जाता बल्कि चरम उस खूबसूरत सफ़र का पड़ाव बनकर खुद-ब-खुद आ जाता है। क्लारा बार-बार हँसी थी, एल्फ्रेड ने बार-बार उसकी नीली नस को चूमा था। क्लारा हर बार नीली झील में तब्दील हुई थी और एल्फ्रेड उसमें गोते लगाता रहा था।

कितने ही महीनों तक यह क्रम चलता रहा। कॉलेज, काम और शौक के बीच तालमेल बिठाती अपने प्रेम का उत्सव मनाती क्लारा। इधर अपने असीम आकर्षण को प्रेम का मूर्त रूप लेते देखता एल्फ्रेड।

उन्होंने भविष्य की योजनाएँ नहीं बनायी थीं। उन्होंने अतीत को भी नहीं खोदा था। वे जिए जा रहे थे और प्रेम किये जा रहे थे संसार के पहले स्त्री और पुरुष की तरह। पर क्या वाकई? क्या सब इतना ही आसानी से घटित होता चला गया? क्या इसके बाद क्लारा को किसी और के साथ सोते हुए झिझक नहीं हुई? और क्या एल्फ्रेड के मन में क्लारा को लेकर कभी कोई आशंका नहीं व्यापी? क्या वे दोनों वाकई मन को देह के स्तर से अलग रख पाये?

एक रोज़ क्लब से वापस लौटने पर एल्फ्रेड ने दरवाज़ा भीतर से बन्द पाया। एक बार तो वह चिंतित हो गया कि सम्भवत: ताला खराब हो गया है लेकिन भीतर कदमों की सरसराहट हुई तो वह समझ गया कि भीतर क्लारा है। वह प्रसन्न हो उठा परन्तु दरवाज़ा खोलते ही क्लारा एक चादर लपेटे उस से अनुरोध कर रही थी कि कमरे में उसके साथ ग्राहक है इसलिए आज रात वह कोई और ठिकाना देख ले। वह बता रही थी कि उस पुरुष के बच्चे भी साथ हैं इसलिए वह उसे होटल नहीं ले जाना चाहता था और दूसरा होटल भीड़ की वजह से मिला नहीं। पर यह सब सुनने से पहले वह मुस्कुराकर, उदार होने का स्वाँग करते हुए वहाँ से भाग खड़ा हुआ। क्लारा ने शायद पीछे से पुकारकर उसके लौट सकने का वक्त भी बताया था। वह क्लब जा सकता था, किसी होटल में या नये बने दोस्तों में से किसी के घर भी, पर रात भर

सड़कों की खाक छानने के पश्चात् वह क्लारा के अपार्टमेंट की सीढ़ियों की आड़ में छिपकर बैठ गया। वह तब तक वहाँ बैठा रहा जब तक उसने उसके पुरुष-ग्राहक को नहीं देख लिया। वह ऑस्ट्रेलियाई मूल का व्यक्ति लग रहा था और घर से निकलते वक्त काफ़ी प्रसन्न दिखाई दे रहा था। बाद में क्लारा ने उसे बताया था कि बरसों पहले उसकी स्त्री की मृत्यु हो गयी थी और अरसे से वह किसी स्त्री के संसर्ग में नहीं था। न जाने क्यों यह सुनकर उसे आघात लगा था।

और एक दिन अचानक सब बदल गया। अब तो एल्फ़्रेड को यह भी याद नहीं आता कि कौन-सा क्षण था जब उसके अन्दर का प्रेमी, पुरुष में तब्दील हो गया। कब उसे ईर्ष्या ने, असुरक्षा ने घेर लिया था। कब वह क्लारा के शरीर में दूसरों की गंध सूँघने लगा। कब दूसरे आदमियों द्वारा उकेरे गये नीले निशान उसे नागवार गुज़रने लगे। कब उसका प्रेम का फ़लसफ़ा धराशायी हो गिर पड़ा और कब वह उससे ऊल-जुलूल प्रश्न करने लगा। आजिज़ आ क्लारा ने उससे पूछा था कि क्या वह चाहता है कि वह यह पेशा छोड़ दे? और एल्फ़्रेड ने अपनी उदारता दिखाते हुए मना कर दिया था। लेकिन कुछ ही रातों बाद उसने नीली नस को सहलाने की बजाय काट खाया था। उस दिन झील का पानी रक्ताभ हो उठा।

क्लारा ने कुछ नहीं कहा पर उस दिन के बाद वह आहत हो सिमट गयी थी। हर रात उसकी देह किसी और पुरुष के साथ होते हुए भी आत्मा अपने प्रेमी के साथ अनंत में विचरती थी परन्तु क्या वह एल्फ़्रेड का विश्वास न पा सकी थी या प्रेम का स्वरूप बदल गया था।

दोनों के पास किसी प्रश्न का उत्तर नहीं था अथवा हर प्रश्न का उत्तर प्रेम हो सकता था। वे दोनों मौन की गिरहों के बीच भी साथ रहते हुए एक दूसरे का खयाल रखते थे। वापस लौटने का विचार न एल्फ़्रेड को आया और न क्लारा ने कभी सोचा कि अलग होना है। पर फिर भी एक चुप दोनों के बीच थी जिसकी वजह वे खुद भी रेखांकित कर पाने में असमर्थ थे।

क्लारा के कॉलेज ट्रिप का समय आ गया था। एक महीना अलग रहने के विचार से दोनों ही उद्वेलित थे लेकिन दोनों आँखों के सम्भाषण को अनदेखा कर मूक थे।

क्लारा के जाने के बाद एल्फ्रेड उसकी कमी अनुभव कर रहा था लेकिन इस एहसास को नकारने के लिए उसने स्वयं को पुरानी दिनचर्या में रमा लिया। फिर कई दिनों पश्चात् उसकी आदिम इच्छाएँ जागृत हुईं और वह एक लड़की को घर ले आया। यह एक ताज़ा अनुभव था जिसका एल्फ्रेड ने भरपूर आनन्द उठाया। उसके बाद कई रातों तक वह नयी-नयी देह का आस्वाद लेता हुआ स्वयं को खोजता रहा। उसे आनन्द मिलता था मगर सुकून नहीं। हर खोज के बाद क्लारा उसे याद आती और वह क्लारा का मन समझने की ओर एक और सीढ़ी बढ़ता जा रहा था। मन और देह को अलग-अलग स्तर पर रखकर एक सम्पूर्ण जीवन जिया जा सकता है उसे यह समझ आने लगा था। वह जान चुका था कि यह सब व्यक्तिगत संवेदनाओं पर निर्भर करता है। वह समझ चुका था कि जब हम प्रेम में होते हैं तब भिन्न-भिन्न देह के साथ होते हुए भी मन में एक ही नाम की गूँज रहती है, हृदय की विराटता के आगे देह की नग्नता पिछड़ जाती है, इन्द्रियाँ अपना सुख लेते हुए मन की निश्छलता पर सदा ही कीचड़ उछाल दें ऐसा कतई आवश्यक नहीं।

क्लारा का क्लेरीनेट उठाकर वह उसी स्थान की ओर बढ़ चला था जहाँ वे पहली बार मिले थे। उसे प्रतीक्षा थी उसके लौट आने की।

□□□